NHKきょうの料理

大原千鶴の絶品手づくりだれ料理帖

NHK出版

はじめに

　ごはんづくりは毎日のことだから、どんなに料理が好きな人でも「ああ、ちょっと助けてほしいな」と思うときが必ずあります。料理を生業《なりわい》にしている私もそれは同じ。

　昔と違って今は地方にも多くのコンビニエンスストアがあり、国道沿いには数々の飲食のチェーン店があり、どこでも手軽に食事を済ませることができるようになりました。

　でも、どれだけ便利な世の中になっても、「あー疲れた!」と言いながら家に辿《たど》り着き、着がえてリラックスして「今日はああだったな、こうだったな」と1日を顧みながらおうちで食べるごはんはやっぱり最高です。疲れているから駅ナカやデパ地下の総菜を買って「中食」で、という日もあっていいと思います。でも、それが続くと心も体も罪悪感に苛《さいな》まれたりしませんか?

　頑張って手づくり!と、疲れた体に鞭《むち》打って、ようやくお肉や野菜を料理したのに、最後の味つけがうまくいかずガッカリ、なんてこともありますよね。そんなときの自分と家族へのダメージは計り知れません。せっかく頑張ってつくったのに……沈鬱《うつ》な食卓が目に浮かびます(笑)。

　でも、ご心配なく。そんな「事故」とは今日でお別れです。冷蔵庫に鎮座し、後光を放ちながら私を救ってくれるもの、それが手づくりだれです。仕事帰りの電車の中で「あ!あのたれがあるから、今日は家でササッとできるわ!ちょっとゆっくりお風呂に入れる!」。そんなささやかな幸せが毎日をつくっていくのです。

　今回の合わせだれを、1年間にわたり「きょうの料理」でご紹介しました。その例年以上の大きな反響に、私自身が一番驚いたほど。やはり便利でおいしいたれは皆さまのお役に立つのだ、と確信しました。

　忙しい毎日でも、私たちは自分で自分を救うことができます。タレ(誰)あろうタレをつくってくれた自分自身に感謝してやまない。自画自賛、自己満足。あってよかった手づくりだれ。どうぞあなた様もこの合わせだれの幸せループにお入りになって、毎日ちょっと幸せな自分になって、周りの人もどんどん幸せにしていってください。本書の手づくりだれのどれか一つでも、いえいくつもが、皆さまの食卓を支え、助け、お役に立つ助っ人となりますことを願ってやみません。

簡単なのに極上の味。
忙しい人、味つけが定まらない人、味に妥協したくない人、
手づくりだれは、すべての食卓を幸せにします。

基本は10種の手づくりだれ。

これだけ覚えれば
献立の幅も
ぐんと広がります。

目次

濃厚な味わいも、さっぱりも、

手づくりだれで思いのまま。

四季を運ぶ9種の手づくり調味料も、ぜひ。

季節限定の手づくり調味料・保存食

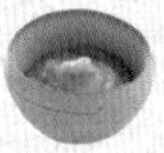

◎本書は『NHKきょうの料理』2018年4月号から2019年3月号まで連載した「大原千鶴のおいしいの素《もと》」をベースに新しいレシピを加え、再編集したものです。
◎本書で使用している計量カップは200mℓ、計量スプーンは大さじ1＝15mℓ、小さじ1＝5mℓです。1mℓは1ccです。
◎本書で使用している「だし」は特にことわりのないかぎり、昆布・かつお風味のだしです。
◎材料表のエネルギー、塩分は特にことわりのないかぎり、およその1人分の数値です。時間はおよその調理時間です。

うす口黄金だれ

和食のベースともいえる甘辛しょうゆ味のたれ。

私は黄金だれと名づけて、うす口と濃い口の2種類を常備しています。

うす口のほうは、素材の繊細な持ち味や色を生かすうす口しょうゆと、上品でまろやかな甘みのみりんを、1：2で合わせたもの。

「こんなに簡単でいいの?」と思うことなかれ。

皆さんがイメージされる京風の、品のよいおいしさの料理がこの1本で完成します。

品名	うす口黄金だれ
原材料	みりん・うす口しょうゆ
用途	鶏肉や豚肉・白身魚・野菜の加熱調理など
保存期間	冷蔵庫で1か月間

材料（つくりやすい分量）

みりん —— カップ1
うす口しょうゆ —— カップ1/2

480kcal（全量）
塩分18.4g（全量）

つくり方

清潔な保存瓶にみりんとうす口しょうゆを入れ、合わせる。

鶏肉の照り焼き マッシュポテト添え

ジューシーに蒸し焼きにした鶏肉に、うす口黄金だれをかけてサッと煮詰めるだけ。残ったたれをからめて食べる、クリーミーなマッシュポテトもまた美味です。

材料（2人分）

鶏もも肉 ——（大）1枚（300g）
うす口黄金だれ —— 80mℓ
ししとうがらし —— 6本
マッシュポテト
　じゃがいも（男爵）—— 2コ（200g）
　牛乳 —— 20〜30mℓ
　砂糖 —— 小さじ1
　塩 —— 小さじ1/4
粉ざんしょう —— 適宜
● 塩・こしょう

460kcal
塩分3.8g
25分

1 付け合わせのマッシュポテトをつくる。じゃがいもは皮をむき、一口大に切って鍋に入れる。ヒタヒタの水と砂糖、塩を加えて中火にかける。沸いたら火を弱め、柔らかくなったら牛乳を加える。火を止めて、ハンディプロセッサーでなめらかにする。

2 鶏肉は両面に塩、こしょうを軽くふる。ししとうは竹串で数か所刺して穴をあける。

3 フライパンに鶏肉を皮を下にして入れ、ふたをして中火にかける。皮がこんがりとしたら裏返し、合計8分間ほど蒸し焼きにする。ふたを外してうす口黄金だれを加える（写真a）。

4 たれが煮立ったらししとうを加え、肉の両面にたれをからめながら火を通す（写真b、c）。たれがトロリと煮詰まったら火を止める。

5 肉の粗熱を取り、食べやすく切って器に盛る。マッシュポテト、ししとうを添え、好みで粉ざんしょうをふる。

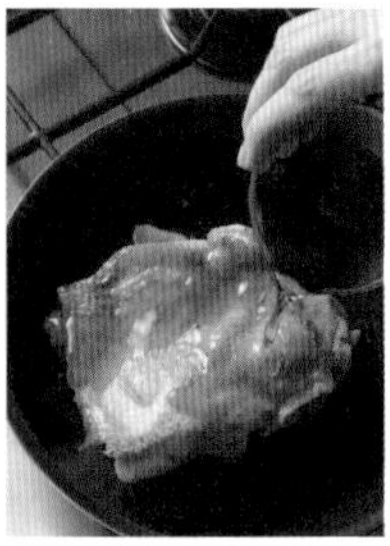

a　皮はこんがり、身はふんわりと焼けたところで黄金だれを全体に回しかける。

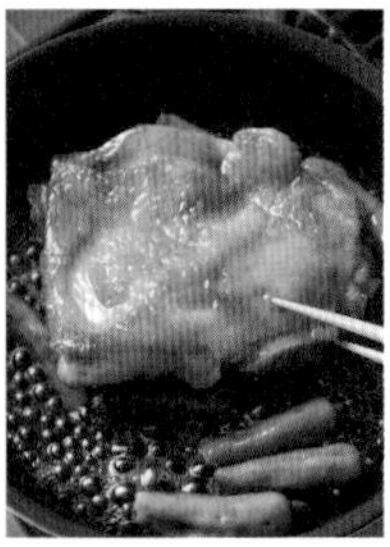

b　ししとうも加え、中火のままたれを煮詰める。

c　肉の両面にまんべんなくなじむように、たれを煮からめて仕上げる。

たいの幽庵焼き

魚に、かんきつの果汁を加えた味をつけて焼くのが幽庵焼き。うす口黄金だれの得意技です。ライムで爽やかな香気を添えて。

材料（2人分）
- たい（切り身）—— 2〜3切れ（160g）
- うす口黄金だれ —— 40mℓ
- ライム＊ —— 1/8コ
- ライム＊（添え用）—— 1/4コ
- ●塩・小麦粉・ごま油

190kcal
塩分2.0g
10分＊＊

＊レモン、すだちなどでもよい。
＊＊たいに塩をふっておく時間は除く。

うす口黄金だれ

1 たいは塩少々を全体にふり、10分間以上おき、余分な水けやくせを取る。水けを拭いて半分に切り、小麦粉を全体に薄くまぶしつける。

2 フライパンにごま油小さじ1をひいて中火にかけ、たいを並べ入れ、ふたをする。焼き色がついたら裏返し、再びふたをして火を通す。

3 こんがりとしたらうす口黄金だれを加え（写真a）、上下を返しながらたいにたれをからめる。ライムの果汁を搾り入れ（写真b）、たれがトロリと煮詰まったら火を止める。

4 器に盛り、くし形に切ったライムを添える。

a　たいの両面に火が通ったら、黄金だれを全体に回しかける。

b　ライムは仕上げに搾り、風味を生かす。

厚揚げの木の芽焼き

こんがりと焼きつけた厚揚げに、うす口黄金だれをジュッ。
すぐできるから、お酒のあてにも重宝します。
たたいた木の芽の香りもごちそうです。

材料(2人分)

厚揚げ —— 3枚(270g)
うす口黄金だれ —— 80㎖
木の芽 —— 適量

270kcal
塩分2.4g
10分

1 厚揚げは2cm厚さに切る。木の芽は包丁で細かくたたく。

2 表面加工のしてあるフライパンに厚揚げを並べて中火にかけ、こんがりと焼き色をつける。うす口黄金だれを加え(写真a)、全体にからめる。

3 たれが煮詰まったら火を止めて器に盛り、木の芽を散らす。

a　厚揚げの全面を素焼きし、黄金だれを加えて煮詰める。

Column

私のしょうゆづかい

　私が使うおしょうゆは2種類。濃い口しょうゆとうす口しょうゆです。どちらもごく一般的なメーカーのもの。

　濃い口しょうゆは素材にくせのあるもの、素材の色の濃いものに合わせます。牛肉や、さば、いわしなど青背の魚、野菜ならごぼう、ゴーヤー、ほうれんそうなど、お豆腐なら焼き豆腐、といった具合でしょうか。

　うす口しょうゆは関西人にはなくてはならぬ調味料で、色はうすいですが、濃い口よりも塩けのある味がします。合わせる素材としては、鶏肉、豚肉、白身の魚、野菜全般。

　必ず、というわけではなく、合う素材の大まかなイメージを持っておくと料理がしやすくなります。

うす口黄金だれ

たけのことこんにゃくのおかか煮

春、一度は食べたいたけのこの煮物。うす口ベースの黄金だれだから、見た目も色白の上品仕上げ。コクはおかかでプラスします。こんにゃくのくせを取る技も必見。

材料（2人分）

ゆでたけのこ —— 100g
こんにゃく —— 1枚（200g）
うす口黄金だれ —— 60㎖
削り節 —— 5g
木の芽 —— 少々
●砂糖・ごま油

90kcal
塩分1.9g
20分

1 こんにゃくはスプーンで一口大にちぎり、ポリ袋に入れる。砂糖大さじ1を加え、手でもんで（写真a）2〜3分間おく。水で洗い、水けをきる。たけのこは一口大の乱切りにする。

2 削り節はラップをしないで電子レンジ（600W）に30秒間かけ、手でもんでほぐす。

3 鍋にごま油小さじ1を入れて中火にかけ、こんにゃくとたけのこを入れる。チリチリッといりつけ、全体に油が回ったらうす口黄金だれを加えて（写真b）、時々混ぜながら煮詰める。たれがほぼなくなったら、削り節を加えてざっと混ぜる。

4 器に盛り、木の芽をちぎってあしらう。

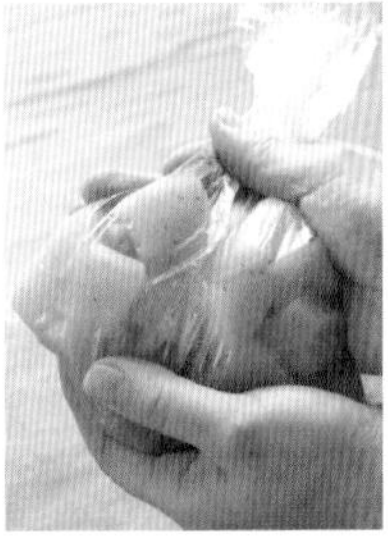

a　こんにゃくを砂糖でもむと、独特のくせがやわらぐ。

b　具材に油が回ったら黄金だれを加え、汁けがとぶまで煮からめる。

豚肉のしょうが焼き

しょうが焼きというと、たれにつけ込むレシピもありますが、肉が堅くしまりやすいので、私はもっぱらこのつくり方。粉をつけて焼いて、仕上げにうす口黄金だれを加えると、口当たりも照りつやも言うことなし。

材料（2人分）

- 豚ロース肉（しょうが焼き用）— 6枚（240g）
- うす口黄金だれ — カップ1/2
- しょうが（すりおろす）— 小さじ1
- レタス — 1/4コ
- ミニトマト — 2コ
- ●かたくり粉・ごま油

450kcal
塩分3.2g
10分

1　レタスとミニトマトはそれぞれ半分に切る。豚肉は両面にかたくり粉を薄くまぶし、余分な粉をはたく。

2　フライパンにごま油小さじ2をひいて中火にかける。豚肉を入れ、両面を焼く。

3　肉がこんがりと色づいたらうす口黄金だれを加える（写真a）。肉の上下を返して、両面にたれをからめながら火を通す（写真b）。たれがトロリと煮詰まったら火を止め、しょうがを加えて混ぜる。

4　皿に**1**の野菜と肉を盛り、フライパンに残ったたれをかける。好みでしょうがのすりおろし（分量外）少々をのせる。

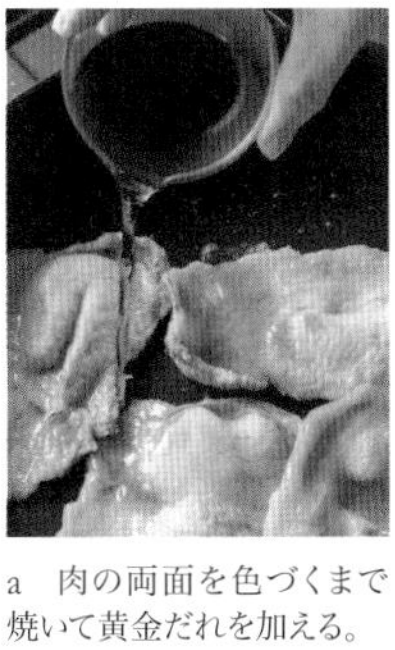

a　肉の両面を色づくまで焼いて黄金だれを加える。

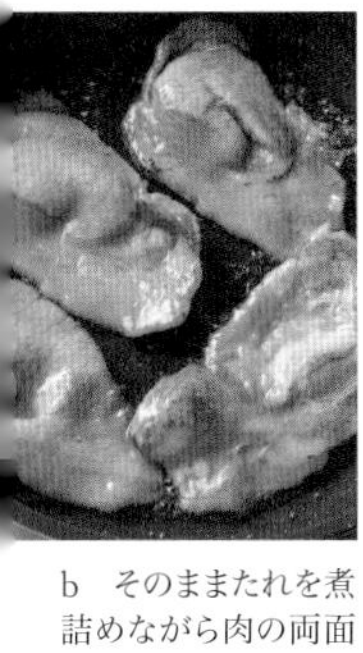

b　そのままたれを煮詰めながら肉の両面にからめる。

旬だより

雪解け道の山菜が知らせる 心待ちの春

私が育った花脊《はなせ》の里は、京の都の町中から遠く離れ、とても冬が長い場所です。11月には霜が降り、12月には木枯らしが吹きすさび、深々と凍《い》てつく冬枯れた景色になります。

山里に雪が降ると、あたりは一瞬でそれは美しい世界に変わります。でも雪は美しいだけではありません。屋根の雪下ろしに生活道路の除雪、大変なことのほうが多いのです。

そんな山里で待ちわびる春には格別の想いがあります。雪解け水がちろちろと流れていくその雪の傍らに、小さなふきのとうを見つける。それが私たちにとっての春の始まりです。それから5月ごろまで、順番に山の恵みが私たちを楽しませてくれるのです。

最近ではスーパーでも手に入りやすくなった山菜。ありがたいことです。苦みを敬遠なさる方もあるようですが、この時季にしかないもの。山菜の苦みはお餅と根菜とご馳《ち》走《そう》で甘やかされた冬の体を、春に向けてバージョンアップしてくれている気がします。

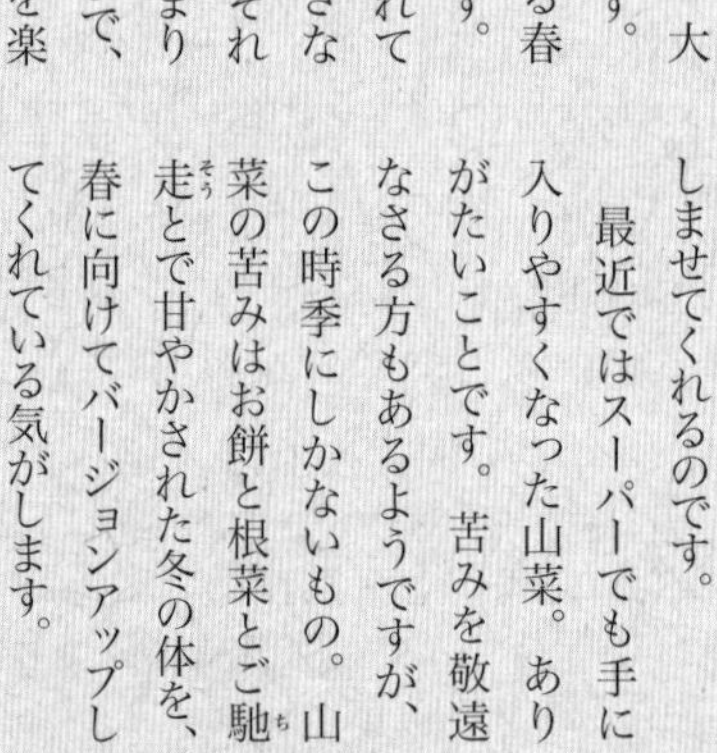

濃い口黄金だれ

もう一つの黄金だれは濃い口しょうゆがベース。
砂糖と濃い口のしっかりとした風味で、
根菜や青背魚などのくせの強い食材もおまかせです。
加えて、しょうゆの倍量入る酒の効果で、
どんな素材もたちまちうまみ豊かに。
この黄金だれも、調味料を混ぜるだけとすこぶる簡単なのに、
それはそれは頼りになる1本です。

品名	濃い口黄金だれ
原材料	酒・しょうゆ・砂糖
用途	牛肉や青背の魚、根菜の加熱調理など
保存期間	冷蔵庫で1か月間

材料（つくりやすい分量）

酒 —— カップ2
しょうゆ —— カップ1
砂糖 —— カップ1/2

850kcal（全量）
塩分33・4g（全量）

つくり方

すべての調味料を合わせ、砂糖を溶かすようによく混ぜる。

肉じゃが

家庭料理の定番・肉じゃが。
濃い口黄金だれと、たまねぎから出る水分だけで炊くので、
凝縮したうまみと甘みが楽しめます。

材料（2人分）

牛こま切れ肉 —— 100g
じゃがいも（メークイン）
—— 3コ（正味250g）
たまねぎ —— （小）2コ（300g）
にんじん —— 60g
さやいんげん —— 2～3本
濃い口黄金だれ —— カップ1/2
粉ざんしょう —— 適宜

350kcal
塩分2.6g
25分

a 最初に牛肉に黄金だれの味をしみ込ませるようにしていりつける。

b たまねぎが柔らかくなったところに根菜を加えて全体に火を通す。

1 じゃがいもは大きめの一口大（4cm角ぐらいが目安）に切る。たまねぎは2cm幅のくし形に切る。にんじんは小さめの乱切りにする。

2 いんげんは筋を取って小鍋でサッとゆで、斜め細切りにする。

3 鍋に牛肉と濃い口黄金だれを入れて（写真a）中火にかけて混ぜ、肉の色が変わったら、たまねぎを加えてざっと混ぜる。ふたをして弱めの中火にし、時々混ぜながらたまねぎがしんなりするまで8～10分間煮る。

4 **3**にじゃがいもとにんじんを加え（写真b）、ふたをして野菜が柔らかくなるまで時々混ぜながら煮る。

5 器に盛っていんげんをのせ、好みで粉ざんしょうをふる。

きのこのつくだ煮

好みのきのこを
濃い口黄金だれと一緒に煮詰めるだけ。
ご飯の供にぴったりです。

材料（つくりやすい分量）

好みのきのこ類（まいたけ・エリンギ・しめじなど）
——（合わせて）300g
濃い口黄金だれ —— カップ1/4
青柚子《ゆず》の皮（すりおろす）—— 適宜

90kcal（全量）
塩分2.5g（全量）
10分

1 きのこ類はすべて、石づきのあるものは切り落とし、食べやすい大きさに切るか、手でほぐしておく。

2 鍋に濃い口黄金だれを入れて中火にかけ、沸いたら**1**のきのこを入れて時々混ぜる。きのこの水分が出てきたところで強めの中火にし、煮汁が少なくなったら火を止める。

3 器に盛り、好みで青柚子の皮を散らす。

雷こんにゃく

いりつけるときに
パチパチと音がすることからこの名が。
箸休めにうれしい一品です。

材料（つくりやすい分量）

こんにゃく（黒）—— 1袋（200g）
濃い口黄金だれ —— カップ1/2
赤とうがらし（小口切り）—— 適宜
●砂糖・ごま油

160kcal（全量）
塩分5.0g（全量）
15分

1 こんにゃくは両面に斜めに浅く切り目を入れて、1.5cm角に切る。ポリ袋に砂糖大さじ1とともに入れてもみ、3分間おいてから砂糖を洗い流す。

2 フライパンにごま油小さじ2をひいて中火にかけ、こんにゃくを水けをよくきって入れて全面を返しながら炒める。こんにゃくから出てくる泡が落ち着いて全体がこんがりとしてきたら、濃い口黄金だれを加えて汁けがなくなるまで煮詰める。

3 器に盛り、好みで赤とうがらしを添える。

かぼちゃとおさつの揚げがらめ

さつまいもとかぼちゃをダブルで楽しむ、女子好みの一品。大学いも風の味も濃い口黄金だれで手軽に再現できます。

材料（2人分）

かぼちゃ —— 70g
さつまいも —— 70g
濃い口黄金だれ —— 大さじ2
黒ごま —— 少々
● 揚げ油

130kcal
塩分0.8g
15分

1 かぼちゃは種とワタを取り1.5cm角に切る。さつまいもも同じ大きさに皮ごと切り、水にさらす。

2 **1**の水けをよく拭いてフライパンに入れ、揚げ油をヒタヒタに注いで火にかける。170℃でゆっくりと火を通し、最後に温度を180℃に上げてカラッと揚げ、油をきる。

3 フライパンをきれいにして濃い口黄金だれを入れて沸かし、**2**を加えて（写真a）ざっとからめる（写真b）。

4 器に盛り、黒ごまをふる。

a　黄金だれを沸かしたところに素揚げにしたかぼちゃとさつまいもを加える。

b　野菜に火が通っているので、たれを手早くからめる程度でよい。

すき焼き

ごちそうの代名詞・すき焼きの割り下を、濃い口黄金だれで。簡単に味が決まり、便利この上なしです。

材料（2人分）

牛薄切り肉 ―― 200g
濃い口黄金だれ ―― カップ1/2
しらたき ―― 100g
ねぎ ―― 1～2本(90g)
焼き豆腐 ―― 150g
生しいたけ ―― 1枚
春菊 ―― 2株
卵 ―― 2コ

● 砂糖
410kcal
塩分2.9g
20分

1 ポリ袋にしらたきと砂糖大さじ1/2を入れてもみ、3分間ほどおいて砂糖を洗い流す。水けをきって食べやすい長さに切る。

2 ねぎは斜め切りにする。焼き豆腐は食べやすい大きさに切る。しいたけは石づきを落として2～3等分に切る。春菊は長さを半分に切る。

3 鉄鍋に濃い口黄金だれを入れて中火にかけ、沸いたら牛肉を広げながら入れる。肉の色が変わったら端に寄せ、春菊と卵以外の材料を加えて時々混ぜながら煮る。

4 焼き豆腐としらたきが色づいてきたら、春菊を加える。卵を溶き、くぐらせて食べる。好みで締めにゆでうどん(分量外)を加えてもよい。

いわしのかば焼き

くせの強い青背の魚も、濃い口黄金だれの得意とするところ。付け合わせのピーマンのほろ苦さも好相性です。

材料（2人分）

- いわし —— 4匹（正味200g）
- ピーマン —— 1コ
- 濃い口黄金だれ —— 大さじ2
- 一味とうがらし —— 適宜
- ●ごま油・小麦粉

220kcal
塩分1.0g
20分

1 ピーマンはヘタと種を取って横に細切りにする。いわしは手開きにする（写真a〜d）。

2 フライパンにごま油小さじ1をひいて中火にかけ、**1**のいわしに小麦粉を軽くまぶし、皮側を下にして入れて焼く。片面が焼けたら裏返し、濃い口黄金だれを加えて（左写真）トロリと煮詰める。

3 いわしが焼けたら取り出し、煮汁が残っているフライパンに水少々とピーマンを加える。中火でピーマンがしんなりするまで炒める。

4 器に盛り、好みで一味とうがらしをふる。

いわしの手開き

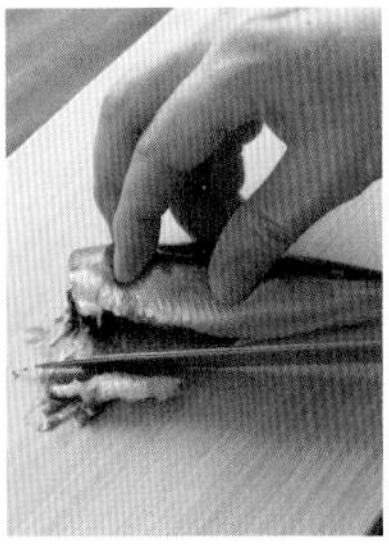

a　頭を落として腹の部分を斜めに少し切り落とす。

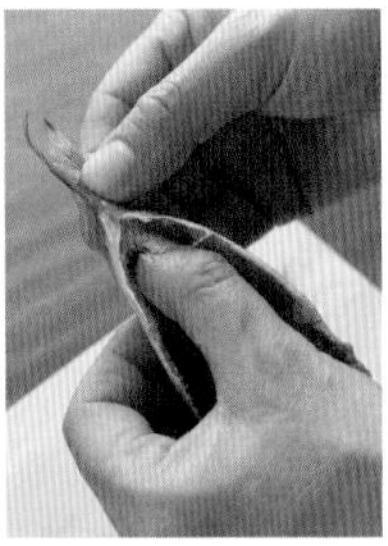

b　切り落としたところから内臓を取り除き、親指を入れて腹を開く。

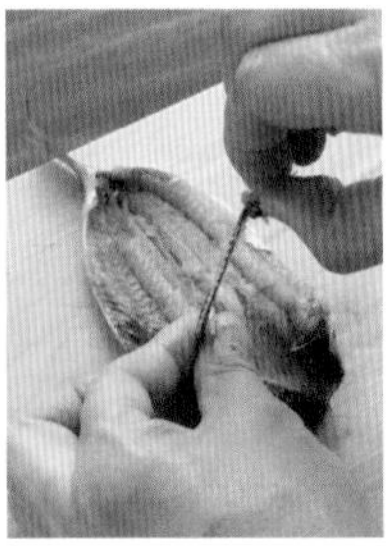

c　中骨を尾側から取り外す。

d　手開き終わり。

ふきみそ

ほろ苦さが春を告げるふき。しっかりと下ゆでをするとアクが抜け、色もきれいに仕上がります。まずはアツアツご飯と召し上がれ。

材料（つくりやすい分量）

ふき（葉付き）―― 5本（300〜350g）
重曹 ―― 小さじ1/2
A［みそ・みりん ―― 各大さじ4
　すりごま（白）―― 大さじ3
削り節 ―― 5g
●塩・ごま油

640kcal（全量）
塩分9.3g（全量）

1 ふきは葉と茎に切り分け、葉は傷のないきれいなところだけ使う。茎はフライパンに入る長さに切り、発色をよくするために塩大さじ2をふってまな板の上を転がす（板ずり）。

2 フライパンに湯を沸かして重曹を加え（アクが抜けやすくなる）、**1**のふきの茎の太い部分を1分間ゆでる。続いて茎の細い部分を加えて2分間ゆで、ふきの葉も加えてさらに1分間ゆでて、すべて水にとる。

3 茎は筋を取って水に10分間さらし、5mm幅に切る。葉は細かく刻んで水けを固く絞る。

4 フライパンにごま油大さじ2を中火で熱し、**3**を炒める。Aを合わせ、ふきがしんなりしてきたら加え、混ぜながら3分間ほど煮詰めていく。

5 仕上げに削り節を加え、全体をざっと混ぜる。

◎冷蔵庫で2週間保存可能。

ふきみその焼きおにぎり

こんがりと香ばしく焼いてどうぞ。

材料（4コ分）とつくり方

1 ボウルにご飯（330〜350g）を入れて塩1つまみをふり混ぜ、おにぎりを4コつくる。

2 片面にふきみそ80gを等分に塗り、魚焼きグリルで5〜6分間、中火で焦がさないように焼く。

170kcal（1コ分）
塩分0.6g（1コ分）
10分

新じゃがのふきみそあえ

しっとりじゃがいもに、ふきみそとバターの風味がよく合います。

材料（2人分）とつくり方

1 新じゃがいも2〜3コ（230〜250g）は2cm角に切って鍋に入れる。いもの高さの六分目まで水を注ぎ、塩1つまみを加えてふたをして中火にかける。ほっくりと煮えたらふたを外し、混ぜながら水分をとばす。

2 いもが半分くずれたところにふきみそ80gを加えて練り混ぜる。火を止め、バター5gを加えて全体をよく混ぜる。

170kcal
塩分1.3g
10分

ポークソテー ふきみそソース

いつものソテーも、ふきみそで味に奥行きが生まれます。

材料（2人分）とつくり方

1 豚肩ロース肉（厚切り）2枚（220〜250g）に塩・こしょう各少々をふる。フライパンに入れ、中火で両面をこんがりと焼いて火を通し、取り出す。

2 **1**のフライパンを拭かずにふきみそ50gを加え、残った肉汁と炒め合わせてふきみそソースをつくる。

3 **1**の豚肉を食べやすく切って器に盛り、**2**のソースをかける。ミニトマトとゆでたブロッコリー各適量を添える。

330kcal
塩分1.3g
15分

大原さんのおだいどこメモ

メモ1

ふだんのおだしは手軽な水だしで十分

だしは和食の骨格。でも、ふだんの料理なら手軽な水だしで十分です。削り節・煮干し各5gをだしパックに入れて閉じ、昆布5gとともに冷水ポットに入れます。水2ℓを注ぎ、3時間以上おけばでき上がり。煮立てないので、くせのないうまみのあるだしになります。冷蔵庫で3日間ほど保存できます。

メモ2

よく使う野菜や薬味は切りおきに

野菜は買ってきて最初に使うときにまとめてざっと切っておきます。頻繁に使うねぎの小口切りなどは刻んで冷蔵していますが、皮をむく、小房に分けるなどの簡単な切りおきでも、時間がないときの夕食づくりの味方に。しょうがは水につけて冷蔵しておくと長もちし、すぐにおろしたり切ったりできます。

メモ3

洗い米を常備しています

私はご飯が大好きです。炊きたてのご飯をほおばるときの幸福感は何ものにもかえがたいですよね。忙しいときでもすぐ食事が調うように、まとめて洗米を済ませて1合ずつ保存容器に入れて常備しています。炊飯器の「早炊きモード」でおいしく炊けるので、とても重宝。冷蔵庫で3日間ほど保存可能です。

紅白たまねぎドレッシング

たまねぎの風味と酢、煮きったみりんのうまみが相まった、フレッシュな味わいの定番ドレッシングです。シンプルで覚えやすい配合にいきつきました。たまねぎは普通のもの、紫たまねぎ、お好みで。

材料（つくりやすい分量）

たまねぎ（または紫たまねぎ／すりおろす）—— 大さじ3
みりん・米酢・サラダ油 —— 各大さじ6
塩 —— 大さじ1

910kcal（全量）
塩分17.8g（全量）

つくり方

1 みりんは小鍋に入れて中火にかけて煮きり、アルコール分をとばす。
2 みりんの粗熱を取り、ほかのすべての材料と混ぜ合わせて塩を溶かす。

品名	紅白たまねぎドレッシング
原材料	たまねぎ・みりん・米酢・サラダ油・塩
用途	サラダやマリネ
保存期間	冷蔵庫で約1か月間

さや豆と温泉卵のサラダ

生命感あふれる青豆を、温サラダにしていただきましょう。ドレッシングの色との対比も素敵な、心躍る一皿に。

材料（2人分）

さや豆（スナップえんどう・絹さや・さやいんげん・モロッコいんげんなど）——（合わせて）150g

紫たまねぎドレッシング —— 大さじ2

温泉卵 —— 1コ

●黒こしょう（粗びき）

110kcal

塩分1.0g

5分

1 さや豆類は筋を取り除き、長いものは鍋に入る長さに切る。熱湯でサッとゆで、水けをきってボウルに入れる。

2 温かいうちに紫たまねぎドレッシングを加えて混ぜ、全体にからめる。

3 器に盛って温泉卵をのせ、黒こしょう適量をふる。よく混ぜて食べる。

豚しゃぶと大根のサラダ

ちょっと献立にボリュームがほしいとき、こんなサラダならお手軽。

材料（2人分）

豚ロース肉（しゃぶしゃぶ用）——200g
大根——80g
きゅうり——1/3本
青じそ——2枚
たまねぎドレッシング——大さじ3
●塩

340kcal
塩分1.6g
15分

1 大根ときゅうりはそれぞれせん切りにする。ボウルに入れて塩1つまみを加えてもみ、5分間おく。

2 鍋に熱湯を沸かし、豚ロース肉を入れる。色が八分《ぶ》どおり白く変わったら火を止め、余熱で火を通して水にとる。

3 **1**の水けを絞って器に等分に盛り、青じそを1枚ずつ添える。食べる直前に豚肉を水けをきって盛る。たまねぎドレッシングを等分にかける。

さわらのホワイトマリネ

ソテーしたさわらを白い野菜ととり合わせてマリネに。たまねぎドレッシングがあれば、しゃれた主菜も思いのままです。

材料（2人分）

さわら（切り身）—— 2切れ（180g）
カリフラワー —— 1/3コ（80g）
れんこん —— 80g
ゆり根 —— 50g
たまねぎドレッシング —— 大さじ3
木の芽 —— 適宜
● 塩・かたくり粉・サラダ油

340kcal
塩分2.0g
20分＊
＊さわらに塩をふっておく時間、ドレッシングにつける時間は除く。

1 さわらは塩少々をふって10分間以上おき、出てきた水けを拭き取る。半分に切り、血合いの部分を切り落とし、さらに半分に切る（写真a）。

2 カリフラワーは小房に分ける。れんこんは1cm厚さの半月形に切る。ゆり根は1枚ずつはがし、茶色い部分は削る。ボウルにたまねぎドレッシングを入れる。

3 鍋にれんこんとかぶるくらいの水を入れ、中火にかける。沸いたらカリフラワーを加えて1分間ゆで、さらにゆり根を加えて1分間ゆでる。一緒にざるに上げて水けをきり、温かいうちに**2**のボウルに入れて浸す（写真b）。

4 さわらの両面にかたくり粉を薄くまぶしつける。フライパンにサラダ油大さじ1/2をひいて中火にかけ、さわらを並べ入れる。ふたをして途中裏返し、両面をこんがりと蒸し焼きにして取り出す（写真c）。

5 熱いうちに**4**を**3**のボウルに加え（写真d）、1時間以上おく。器に盛り、あれば木の芽をあしらう。

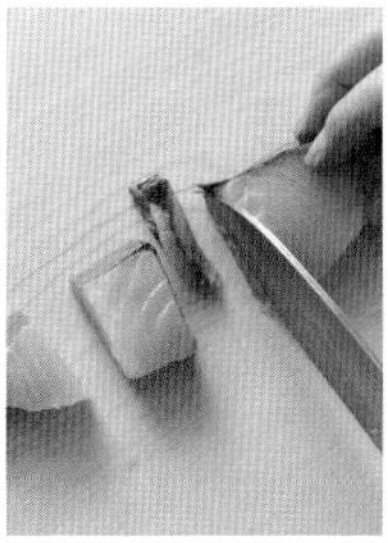

a　さわらは塩をふって余分な水けとくせを除き、血合いごと小骨を落とす。

b　野菜３種は同じ湯に時間差で入れ、一気にゆで上げると効率的。

c　さわらはかたくり粉をつけてソテーし、ふっくらと仕上げる。

d　焼きたてをドレッシングにつけ込むと味のしみ込みがよい。

かぶとれんこんのルビーマリネ

白い野菜がほんのりルビー色に染まる、おしゃれマリネです。
シャクッとした根菜ならではの歯ごたえも楽しんで。

材料（2人分）

かぶ —— 2コ（180g）
れんこん —— 100g
ラディッシュ（葉付き）—— 3コ
紫たまねぎドレッシング
—— 大さじ3

100kcal
塩分1.0g
10分＊
＊ドレッシングにつける時間は除く。

1 かぶとれんこんはそれぞれ皮をむき、一口大の乱切りにする。ラディッシュは葉を切って縦半分に切る。

2 鍋にかぶとれんこんを入れ、かぶるくらいの水を加えて中火にかける。かぶに竹串がスーッと通るまでゆでたらざるに上げ、温かいうちにボウルに移す。

3 ラディッシュも加え、紫たまねぎドレッシングを加える。全体をよくあえてラディッシュの葉をちらし、1時間以上おく。

甘酢だれ

私は酸っぱいものが大好き。私の母も、娘もそう。
体にもよいですよね。
ふだんの献立にはなるべく酸味のあるものをとり入れて、
変化を出すようにしています。
この甘酢だれは、3つの調味料を合わせるだけ。
中華の定番料理も気軽に楽しめるんですよ。

材料（つくりやすい分量）
米酢・うす口しょうゆ ―― 各カップ3/4
砂糖 ―― カップ1/4

290kcal（全量）
塩分27・6g（全量）

つくり方
すべての調味料をよく混ぜ合わせる。

品名	甘酢だれ
原材料	米酢・うす口しょうゆ・砂糖
用途	甘酢あんかけ料理や甘酢炒めに。サラダやあえ物に
保存期間	冷蔵庫で1か月間

さけとねぎの卵焼き 甘酢あん

かにたまを、手軽にさけでアレンジした「さけたま」です。
甘酢だれにとろみをつけたあんが絶品。ご飯にのせても美味です。

材料（2人分）

生ざけ（切り身）―― 2切れ（160g）
青ねぎ ―― 1～2本（40g）
卵 ―― 2コ
甘酢あん
　甘酢だれ・だし（または水）―― 各カップ1/4
　かたくり粉 ―― 小さじ2
●塩・小麦粉・ごま油

250kcal
塩分2.5g
25分

1 さけは塩少々をふって10分間おき、出てきた水けを拭き取る。皮を外して、小骨があれば抜き、一口大のそぎ切りにする。青ねぎは斜め薄切りにする。卵は溶きほぐす。

2 小鍋に甘酢あんの材料を入れて混ぜる（写真a）。中火にかけてよく混ぜ、あんをつくる。

3 **1**のさけに小麦粉を薄くまぶしつける。フライパンにごま油小さじ1をひき、さけを並べて中火で焼く。片面が焼けたら裏返し、青ねぎを加え、溶き卵を回し入れる。卵をからめるようにしてさけの上下を返し、半熟の状態で火を止める。

4 **3**を器に盛り、**2**のあんをかける。

a　甘酢だれとだしが冷たい状態でかたくり粉を加えてよくかき混ぜ、それから火にかけるとダマにならず、とろみがつく。

豚肉とれんこんの甘酢炒め

炒め物にも甘酢だれが活躍します。夕飯にも、お弁当のおかずにもぴったりの一品。

材料（2人分）

豚肩ロース肉（豚カツ用）
— 2枚（250g）
れんこん — 150g
ししとうがらし — 4本
甘酢だれ — カップ1/4
赤とうがらし（小口切り）
— 適量
●塩・こしょう・かたくり粉・ごま油

430kcal
塩分2.6g
15分

1 れんこんはピーラーで皮をむき、7㎜厚さの輪切りにし、大きければ半月形に切る。ししとうはヘタを落とし、竹串を数か所刺して穴をあける。

2 豚肉は2㎝幅に切って、塩・こしょう各少々をふり、かたくり粉を薄くまぶしつける。フライパンにごま油大さじ1/2を熱し、豚肉を並べて中火で焼く。表面に焼き色がついたら肉を端に寄せ、あいたところにれんこんを入れ、ふたをして時々様子を見ながら火を通す。

3 豚肉とれんこんに火が通ったらふたを取り、ししとうと甘酢だれを加える（写真a）。赤とうがらしも加え、全体がトロッとするまで混ぜながら煮詰める。

a 具材に火が通ったら甘酢だれを加え、味を含ませるようにして煮詰める。

揚げ鶏の甘酢がけ

揚げた鶏肉にたっぷりの香味甘酢をかける、人気の中華。子どもたちも大好きです。揚げたてに手づくりだれをたっぷりかけてどうぞ。

材料（2人分）

鶏もも肉 ―― 1枚（300g）

A
- ねぎ（みじん切り）―― 1本分
- しょうが（みじん切り）―― 3g
- 甘酢だれ ―― カップ1/4

細ねぎ（小口切り）―― 適量

花穂じそ（花を軸から外す）―― 適宜

●塩・こしょう・かたくり粉・揚げ油

440kcal

塩分2.7g

25分

1　Aのねぎ、しょうがと甘酢だれを合わせる（写真a）。

2　鶏肉は分厚いところに切り込みを数か所入れる。余分な脂を除き、塩・こしょう各少々をふる。

3　肉の両面にかたくり粉適量をまぶしつけ、フライパンに入れる。鶏肉が半分ほど浸るくらいに揚げ油を注ぎ、中火にかける（写真b）。途中で裏返し、合計8～10分間かけて表面をカリッと揚げて取り出す。

4　そのまま1～2分間休ませ、食べやすく切って器に盛る。**1**のたれをかけ、細ねぎと、あれば花穂じそを散らす。

a　香味野菜はたっぷりと準備し、甘酢だれと合わせる。

b　冷たい油から揚げると、肉の中心部までムラなく揚がる。

蒸しなすの利久あえ

ごまを使った料理には「利久」の名がつきます。
レンジで蒸したなすの甘みを、ごま甘酢の濃厚な風味が引き立てます。

甘酢だれ

材料（2人分）

なす —— 2コ（250g）
甘酢だれ —— 大さじ2
練りごま（白）—— 大さじ1
黒ごま —— 少々
●塩

90kcal
塩分1.4g
20分

1 なすはヘタを取って皮をピーラーでむき、塩水（水カップ1/2に塩大さじ1）に10分間つけてアクを抜く。

2 ボウルに甘酢だれを入れ、練りごまを加えてよく混ぜ合わせる。

3 なすの水けを拭き取り、ラップで包む。耐熱皿にのせ、電子レンジ（600W）に3分間かける。熱いうちに菜箸で裂き（やけどに注意）、**2**に加えてあえる。

4 **3**を器に盛りつけ、黒ごまをふる。

Column

私のお酢づかい

家族みんなが好きなお酢。ふだん使っているのは実家もずっと愛用している京都の米酢です。まろやかで角がなく、使いやすいと思っています。

ご紹介した「甘酢だれ」は私の定番自信作ですが、キリッとした味にしたいときは砂糖を入れないこともあります。特に夏は香味野菜も豊富なので甘酢にいろいろとプラスして変化をつけるのもいいですね。

また、お酢の味を感じない程度に、炒め物や煮物にも最後にお酢をほんの少し入れると味が引き締まっておいしく感じます。夏場には特におすすめです。

春雨サラダ

中華風の春雨サラダも甘酢だれでパパッと。豚しゃぶを加えて食べごたえもアップさせました。

材料（2人分）
- 春雨（乾）――50g
- 豚ロース肉（しゃぶしゃぶ用）――100g
- きゅうり――1/2本（50g）
- レタス――4～5枚（50g）
- みょうが――1コ
- 甘酢だれ――カップ1/4
- ごま油

- 240kcal
- 塩分2.1g
- 15分

1　きゅうりは細切りにする。レタスは食べやすくちぎって冷水に放し、パリッとさせて水けをきる。みょうがは縦半分に切って斜め薄切りにし、水にさらして水けを絞る。

2　春雨は袋の表示どおりにゆでて戻す。サッと洗って水けをきり、食べやすい長さに切る。

3　春雨をゆでた湯で、豚肉をサッとゆでて水けをきる。肉は盛りつけるまでそのままゆで湯につけておくと、堅くなりにくい。

4　ボウルに**1**～**3**を入れて甘酢だれをかけ（写真a）、ごま油小さじ1/2も加えて全体をあえる。

a　下ごしらえをした具材を甘酢だれとごま油でざっとあえる。

新しょうがの甘酢漬け

箸休めにうれしい自家製〝ガリ〟。その上、漬け汁は調味料がわりに使えるので重宝しています。先端のピンク色の部分を入れるときれいに発色します。

材料（つくりやすい分量）

新しょうが ―― 300g

甘酢

- 米酢 ―― 90ml
- 砂糖 ―― 大さじ4
- 塩 ―― 小さじ2

270kcal（全量）

塩分11.9g（全量）

1 新しょうがはスライサーで薄く切る。熱湯で1分間ゆでてざるに上げ、冷めたら水けを絞る。

ゆで湯にはちみつ、レモン汁を好みで加えればしょうがドリンクに。

2 保存容器に甘酢の調味料を混ぜ合わせ、しょうがを漬ける。冷蔵庫に8時間以上おく。

◎冷蔵庫で約1か月間保存可能。

サンラータン

残った漬け汁を、酸っぱくて辛い中華風のスープに。

材料（2人分）とつくり方

1　ゆでたけのこ・にんじん各30gはそれぞれ細切りにする。生しいたけ1枚は軸を切り落として薄切りにする。絹ごし豆腐1/4丁（100g）は7㎜角の拍子木形に切る。豚バラ肉（薄切り）50gは細切りにして塩・こしょう各少々をふって軽くもむ。

2　鍋に水カップ3を入れて沸かし、豚肉を加えて中火で煮る。アクを取り、**1**の野菜、顆《か》粒《りゅう》チキンスープの素《もと》（中華風）大さじ1を加え、2〜3分間煮て火を通す。

3　**1**の豆腐、うす口しょうゆ小さじ1を加え、かたくり粉大さじ1を倍量の水で溶き混ぜて流し入れる。フツフツと沸いたら溶き卵1コ分を流し入れ、かきたまにする。

4　青ねぎ少々を斜め細切りにして加え、新しょうがの甘酢漬けの漬け汁大さじ2も加えてひと煮立ちさせる。器に盛り、新しょうがの甘酢漬け適量をのせ、ラー油小さじ1を回しかける。

230kcal
塩分3.5g
20分

青梅昆布しょうゆ

毎年梅仕事を欠かさない私の、お手軽梅調味料です。梅エキスのしみ出したうまみしょうゆで、かけてよし、つけてよし。

材料（つくりやすい分量）

青梅 —— 100g

昆布 —— 5g

うす口しょうゆ —— カップ1

160kcal（全量）

塩分37.2g（全量）

1 青梅はよく洗い、たっぷりの水に1時間つけてアクを抜く。ざるに上げて紙タオルで水けを拭き、なり口のヘタを竹串で取り除く。

2 清潔な保存瓶に**1**と残りの材料を入れる。3日後から使える。梅も昆布もそのまま入れたままでよく、だんだん梅の味が濃くなる。

◎冷蔵庫で1か月間保存可能。

レタスの青梅サラダ

パリッとしたあえたても、しんなりしたところもおいしい。

材料（2人分）とつくり方

1 レタス100gは冷水に放してパリッとさせ、水けをよくきって食べやすくちぎり、ボウルに入れる。

2 ごま油小さじ1と青梅昆布しょうゆ大さじ2を混ぜ合わせ、**1**に加えて混ぜ、器に盛る。

3 青梅昆布しょうゆの青梅1コは実を包丁でそぐ。**2**の上に散らし、削り節適量をのせる。

40kcal
塩分2.9g
10分

ズッキーニの揚げびたし梅風味

揚げ野菜の甘みを梅の酸味が引き立てます。

材料（つくりやすい分量）とつくり方

1 ズッキーニ（緑・黄）各1本（各130〜150g）は、1cm幅の輪切りにする。

2 170℃の揚げ油でズッキーニを素揚げにする。

3 器に並べ、みょうが（小口切り）少々を添える。青梅昆布しょうゆ適量をかけて味をなじませる。

220kcal（全量）
塩分5.4g（全量）
10分

旬 だより

初夏は香り。心浮き立つおだいどこへ

初夏は一年のうちで一番好きな季節。新緑が美しく、すべてのものが若々しいエネルギーに満ちあふれている時季だと感じます。

この時季、わが家の台所では青梅に始まり、完熟梅の梅干し、らっきょう漬け、実ざんしょう、紅しょうが、赤じそジュースと、1年分の〝おいしい〟をキープするべく、保存食づくりに息つく暇もないくらい大忙しです。それぞれ出回る時季が限られているので、スケジュールを考えて、予定を合わせてせっせと仕込みます。

つくる前は「あー、またやらなきゃ」と思うのですが、いざとりかかると、香りのよさに本当にうっとり。大変だと思っていた作業なのに、心が穏やかになり、思わず笑顔になっているから不思議です。

そして素材のエネルギーを感じ、「あぁ、今年もやってよかった!」となんだかストンと心が落ち着く。幸せってこんなことを言うのだなぁとしみじみ思います。

手づくりだれ料理帖

ピリ辛だれ

コチュジャンとにんにくが奥深い辛みとうまみを醸し出す、〝うま辛〟だれです。若い人に特に人気。

コチュジャンは、もち米こうじと粉とうがらしが主材料の発酵調味料で、ビビンバなど韓国料理でおなじみの甘辛いみそです。

わが家の3兄妹も小さいころから大好きな味で、この合わせだれも、きらしたことがありません。

材料（つくりやすい分量）

しょうゆ —— カップ1/2
砂糖 —— カップ1/2（約60g）
コチュジャン —— 大さじ2
にんにく（すりおろす）—— 小さじ1

410kcal（全量）
塩分19・2g（全量）

つくり方

ボウルにすべての材料を入れ、よく混ぜる。

品名	ピリ辛だれ
原材料	しょうゆ・砂糖・コチュジャン・にんにく
用途	つけだれやあえ物、加熱調理の味つけに
保存期間	冷蔵庫で2か月間

ぶりのピリ辛照り焼き

魚料理の定番・ぶり照りも、ピリ辛だれで新たな味わいに。香ばしいたれの香りが食欲をそそります。

材料（2人分）

- ぶり（切り身）―― 2切れ（160g）
- ピリ辛だれ ―― 大さじ1 1/2
- ブロッコリー（ゆでる）―― 適量
- ●塩・小麦粉・ごま油

230kcal
塩分1.4g
10分＊
＊ぶりに塩をふっておく時間は除く。

1 ぶりは塩少々をふって10分間ほどおき、紙タオルで水けを拭き取る。

2 **1**のぶりに小麦粉を薄くつける（写真a）。ごま油小さじ1を熱したフライパンに並べ入れ、ふたをして中火で両面を焼く。

3 ぶりに火が通ったら余分な油を紙タオルで拭き取り、ピリ辛だれを加えて（写真b）、全体にたれをからめる。

4 器に盛り、ブロッコリーを添える。

a　小麦粉をまぶすとうまみが逃げにくく、たれにとろみもつく。

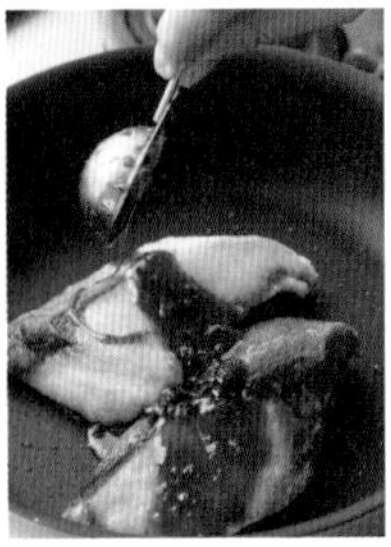

b　両面ふっくらと焼いたところにたれを加えてからめる。

Column

私の砂糖づかい

料理に砂糖を使うときは、主に濃い口しょうゆと酒を組み合わせています。みりんは、うす口しょうゆと合わせることが比較的多いです。

砂糖は純度によって味のクリアさが変化しますので、すっきりと仕上げたいときは上白糖やグラニュー糖、コクがほしいときはきび糖や黒糖を使います。ちなみに氷砂糖が一番クリアな味に。ゆっくり味を入れるときにもおすすめです。

「甘み」は「うまみ」に似ているので、少し味が物足りないときに少量の砂糖を入れるとおいしくなります。また酒は、料理酒ではなく清酒を使っています。

うま辛肉野菜炒め

おなじみの野菜炒めも、このたれで味がピタリ。辛さもコクも文句なし！です。

材料（2人分）

豚バラ肉（塊）――120g
キャベツ――1/4コ（200g）
たまねぎ――1/2コ（100g）
にんじん――20g
ピーマン――1コ
ピリ辛だれ――大さじ3
●塩

330kcal
塩分2.6g
15分

1　豚肉は7mm厚さに切り、塩少々をふる。

2　キャベツは大きめのザク切りにする。たまねぎは横に1cm幅に切る。にんじんは薄い輪切りにする。ピーマンは半分に切ってヘタと種を取り、縦に1cm幅に切る。

3　フライパンに**1**の豚肉を並べ入れて中火にかける。両面をこんがりと焼き、たまねぎとにんじんを加えて炒め合わせる。たまねぎがしんなりしたら、キャベツとピーマンを加えて炒める。

4　野菜がしんなりとしてきたら、ピリ辛だれを加えて（写真a）全体にからめる。

5　**4**を器に盛り、残った汁を軽く煮詰めて上からかける。

a　たれを加えたら手早く炒めて器に盛る。一気に盛りつけず、汁けは煮詰めてあとでかけると仕上がりがベチャッとしない。

たこと青菜のピリ辛酢

つき出し風の小粋な一品。酢を加えて後口よく仕上げます。季節の青菜をとり合わせてどうぞ。

材料（2人分）

ゆでだこの足 —— 1/2本（60～80g）

青菜（ほうれんそう・みつば・菜の花など）—— 60g

A［ピリ辛だれ —— 大さじ2
　米酢 —— 小さじ2

柚子《ゆず》の皮（せん切り）—— 適量

70kcal　塩分1.7g　10分

1 青菜は熱湯でサッとゆで、水にとって水けを絞り、食べやすい長さに切る。

2 ゆでだこは薄切りにし、**1**とともに器に盛り、柚子の皮をのせる。

3 Aを混ぜ合わせて**2**に添え、つけて食べる。

さきいかのピリ辛あえ

さきいかをあえるだけとお手軽。ごま油のコクも加わり、「ちょっと一杯」のよき供に。

材料（2人分）

さきいか —— 20g

A［ピリ辛だれ —— 大さじ1
　ごま油 —— 少々

白ごま —— 適量

50kcal　塩分1.4g　5分

1 ボウルにさきいかを入れ、Aを加えて全体を混ぜる。

2 器に盛り、白ごまをふる。

ピリ辛だれ

鶏肉のピリ辛から揚げ

永遠の定番人気・から揚げを、ピリ辛だれでもっとおいしく。わが家のパーティーメニューの定番で、ゲストに「このたれ、どうつくるの?」と必ず聞かれる、名作レシピのひとつです。添える素揚げ野菜はお好みのものでどうぞ。

材料（2人分）

鶏もも肉 ―― （大）1枚（300g）
ピリ辛だれ ―― 大さじ2
かぶ ―― （大）1/2コ（60g）
さつまいも ―― 60g
● 揚げ油・塩・こしょう・かたくり粉

500kcal
塩分2.4g
20分

1 かぶは皮付きのまま茎を少し残してくし形に切る。さつまいもも皮付きのままかぶと同じくらいの大きさに切り、水にサッとさらして水けを拭く。

2 鶏肉は10等分程度に食べやすく切る。

3 フライパンに**1**のさつまいもとかぶを入れ、揚げ油をかぶるくらいに注ぐ。中火にかけ、火が通ったら取り出す。

4 火を強めて揚げ油を180℃にする。**2**の鶏肉に塩・こしょう各少々をふり、かたくり粉を薄くまぶしてカラッと揚げる。

5 ボウルに揚げたての肉を入れ、ピリ辛だれを加えてからめる（写真a）。**3**とともに器に盛る。

a　アツアツのところにたれをからめる。衣がしんなりとするので、から揚げはいつもよりひと息長く、しっかりめに揚げるとよい。

ピリ辛焼き飯

ご飯をピリ辛だれで炒めて卵でとじた、しっとりタイプの焼き飯です。パパッとランチや夜食にどうぞ。

材料（2人分）

- ご飯 —— 300g
- たまねぎ —— 50g
- 牛こま切れ肉 —— 50g
- ピリ辛だれ —— 大さじ3
- 卵 —— 1コ
- 青ねぎ（小口切り）—— 適量
- ●ごま油・塩・こしょう

430kcal
塩分2.5g
15分

1 たまねぎは粗みじんに切る。牛肉は食べやすく切る。

2 鉄鍋またはフライパンにごま油少々を入れて中火にかける。**1**を入れ、塩・こしょう各少々をふって炒める。

3 牛肉の色が変わったら、ピリ辛だれを加えて全体をざっと混ぜ、ご飯を加えて炒める（写真a）。

4 ご飯全体にたれがからんだら、卵を溶いて回し入れ、卵が半熟状になるようにザックリ混ぜて火を止める。青ねぎをのせ、よく混ぜて食べる。

a　具材にたれをからめていりつけて、ご飯を加える。

赤みそだれ

白みそ文化圏の京都ですが、もちろんほかのおみそも好きです。
少し気温が高くなり、赤みその塩みや渋みが恋しくなるころ
この合わせだれが食卓のスタメン入りします。
豆板醤（トーバンジャン）でわずかに辛みを添えていますので、
お好みで調整してください。

品名	赤みそだれ
原材料	八丁みそ（赤だしみそ）・酒・砂糖・しょうゆ・しょうが・にんにく・豆板醤
用途	つけだれやあえ物、加熱調理の味つけに
保存期間	冷蔵庫で1か月間

材料（つくりやすい分量）

- 八丁みそ（または赤だしみそ）—— 100g
- 酒 —— カップ1/4
- 砂糖 —— 大さじ3
- しょうゆ —— 大さじ1
- しょうが・にんにく（各みじん切り）—— 各小さじ1
- 豆板醤 —— 小さじ1/2

360kcal（全量）
塩分14.0g（全量）

つくり方

1 フライパンにすべての材料を入れ、へらでざっと混ぜる。
2 中火にかけ、時々混ぜながら火を通す。沸いたら、さらに30秒間ほど手早く練り上げる。

なすのみそ炒め

揚げ焼きのなすの甘さを、赤みそだれがさらに引き立てます。ご飯がすすんで困るほど。

1 なすはピーラーで皮をしまむきにする。長さを半分に切って四つから六つ割りにし、水に3分間ほどさらして水けを拭く。

2 フライパンにAを入れて中火にかけ、**1**を揚げ焼きにする。菜箸で返しながら、なすの全面をまんべんなくしんなりとさせる。

3 赤みそだれを入れて、全体にからめるように炒める。

4 器に盛り、すりごまをふる。

材料（2人分）

なす —— 2コ（180g）

A ごま油（白）＊ —— 大さじ3
ごま油 —— 大さじ1

赤みそだれ —— 大さじ2

すりごま（白） —— 適量

300kcal

塩分1.3g

10分

＊なければサラダ油でもよい。

さばのみそ煮

旬のさばで、ぜひつくりたい定番煮魚。身はあまり長く加熱せずふんわりと仕上げ、煮汁を最後に煮詰めてかけるのがおいしさのコツです。

材料（2人分）

さば（三枚におろしたもの）—— 1枚（200g）
赤みそだれ —— 大さじ2
青ねぎ（小口切り）—— 少々
粉ざんしょう —— 適宜
●塩・酒

280kcal
塩分1.9g
20分＊
＊さばに塩をふっておく時間は除く。

1 さばは半分に切って皮に十字に切り込みを入れる。塩少々をふって10分間以上おき、出てきた水分を拭き取る。

2 フライパンに酒・水各カップ1/4、赤みそだれの半量を入れて中火にかける。沸いたらさばを入れ、ふたをして弱火にし、時々煮汁をかけながら5分間ほど煮る。

3 さばに火が通ったら器に盛る。煮汁に残りの赤みそだれを加えて煮詰め、トロッとしたらさばにかける。青ねぎを添え、あれば粉ざんしょうをふる。

ジャージャー麺

人気の中華、ジャージャー麺も、赤みそだれで楽々。肉みそを2～3倍量つくって常備しておくのもおすすめです。

材料（2人分）

- 中華麺 —— 2玉（280～300g）
- 豚ひき肉 —— 120g
- たまねぎ —— 50～60g
- ピーマン —— 1コ
- 赤ピーマン —— 1/2コ
- 赤みそだれ —— 大さじ3
- 粉ざんしょう —— 適宜
- ●ごま油・塩・こしょう

630kcal
塩分2.8g
15分

1 たまねぎはみじん切りにする。ピーマンはどちらも1cm四方に切る。

2 フライパンにごま油小さじ1を熱し、ひき肉を入れて塩・こしょう各少々をふり、中火で混ぜながら炒める。ひき肉に火が通ったら、**1**を加えて炒める（写真a）。

3 たまねぎに透明感が出てきたら、赤みそだれを加えて（写真b）、全体になじませる。

4 中華麺はサッとゆで、ざるに上げて水けをきり、ごま油少々をまぶしておく。

5 **4**を器に盛り、**3**の肉みそをのせ、あれば粉ざんしょうをふる。

a　野菜を加え、豚肉から出た脂やうまみを吸わせるようにして炒める。

b　たまねぎが透き通ってきたら赤みそだれを加える。

旬 だより

夏野菜の生命力をからだにとり入れて

4年前まで、私は6年間家庭菜園をしていて、夏野菜をずい分たくさん育てていました。5月に苗を植えるのですが、その成長ぶりたるや凄《すさ》まじいもので、3日も放っておくともうつるは伸び放題、変なところから芽が出る、大きくなりすぎる。とてつもなく元気な男の子を育てているような感じでした。「こんなに暑いのによく育つなぁ」と、感心することしきりでした。

夏野菜は花もハッとするくらい美しくて、大変だけれど本当に楽しかった。トマトの茎は香り高く、なすの棘《とげ》は鋭く痛いけれど、その生命力は「生きている」ということを実感させてくれます。そうしてもいだ野菜たちを料理して食べる――。料理とは、生きるとは、こういうことなのだと体感しました。

曲がったきゅうりも大きくなりすぎたなすも、ちょっと割れたトマトも愛おしくて仕方ない。近所の八百屋さんで見かけると、今でもそんな野菜に真っ先に手が伸びてしまいます。

ごまだれ

小さな体に大きな栄養効果。
体によいごま、ぜひ積極的にとりたいですよね。
いりごまの状態だと栄養の吸収がよくないので、
すったり、練りごまでとるのがおすすめです。
この合わせだれは、吸収のよいペースト状の練りごまでつくります。
風味濃厚で、かけてよし、つけてよしと万能。
黒の練りごまでもおいしくできますので、お試しあれ。

品名	ごまだれ
原材料	練りごま・うす口しょうゆ・砂糖・米酢
用途	あえ物や鍋物のつけだれ、煮物のベースに
保存期間	冷蔵庫で2週間

材料（つくりやすい分量）

練りごま（白）── 100g
A うす口しょうゆ ── 大さじ2
　砂糖 ── 大さじ1
米酢 ── 小さじ1

700kcal（全量）
塩分5.8g（全量）

つくり方

1 Aを砂糖が溶けるまでよく混ぜ合わせる。
2 水大さじ3を少しずつ加えて溶きのばし、最後に米酢を加えて混ぜる。

かぶと厚揚げのごま煮

スピード煮物ですが、味わいはこっくり。
あと一品足りないというときに大助かりです。

ごまだれ

材料（2人分）

かぶ —— 2コ（180〜200g）
厚揚げ —— 1枚（100g）
だし —— カップ1
ごまだれ —— 大さじ1
●うす口しょうゆ

130kcal
塩分0.9g
15分

1 かぶは食べやすい大きさに切る。厚揚げは小さめの一口大に切る。

2 鍋にかぶとだしを入れて中火にかけ、ふたをして煮る。かぶに八分《ぶ》どおり火が通ったら、厚揚げとうす口しょうゆ小さじ1を加えて煮る。

3 煮汁が少なくなったらごまだれを加え（写真a）、火を止めて全体をざっと混ぜる。

a　ごまだれは沸かすと分離するので、最後に加えてすぐ火を止める。

牛肉のしゃぶしゃぶ

牛しゃぶも自家製ごまだれで一層おいしく。

材料（2人分）

牛薄切り肉（しゃぶしゃぶ用）
―― 160〜200g
せり ―― 1〜2ワ（80〜100g）
A［だし ―― カップ2
　うす口しょうゆ ―― 大さじ1
ごまだれ ―― 適量

320kcal
塩分1.4g
5分

1 せりは7〜8cm長さに切る。

2 土鍋にAを入れて中火にかけ、沸いたら牛肉とせりを入れてサッと火を通す。ごまだれをつけて食べる。

さやいんげんのごまあえ

ホッとする定番あえ物です。もちろんほかの野菜でも。

材料（2人分）

さやいんげん ―― 60g
ごまだれ ―― 大さじ1
黒ごま ―― 少々

40kcal
塩分0.3g
5分

1 いんげんは筋を取り、熱湯でゆでて3cm長さに切る。

2 ボウルに**1**を入れ、ごまだれを加えてあえる。

3 器に盛り、黒ごまをふる。

ごまだれ冷や汁

夏疲れの体に沁《し》みる、ひんやり冷や汁。
ごまだれで味のベースができているから楽々つくれ、
食欲が落ちていてもスルスルいけますよ。

材料（2人分）

- あじの干物 ―― （小）1枚（60ｇ）
- ご飯（温かいもの）―― 茶碗《わん》2杯分
- きゅうり ―― 1本（140ｇ）
- 青じそ ―― 3〜5枚
- みょうが ―― 1コ
- ごまだれ ―― 大さじ2
- 白ごま ―― 適量
- ● 塩・みそ

380kcal
塩分2.3ｇ
15分

1 あじの干物は魚焼きグリルで焼き、頭や骨を外して身をほぐす。

2 きゅうりはスライサーで薄い輪切りにし、塩小さじ1/4をふって3分間ほどおき、水けを絞る。青じそとみょうがはせん切りにし、それぞれ水にさらして水けを絞る。

3 **1**のあじをすり鉢に入れてすりこ木でする。ごまだれを加え（写真a）、みそ大さじ1も加えてさらにすり混ぜ、水カップ1を少しずつ加えて溶きのばす。氷適量を浮かべる。

4 **2**を**3**にのせ、白ごまをふる。食べるときによく混ぜ、ご飯の上にかける（写真b）。

a　あじをすり鉢ですったところにごまだれを加え、さらになめらかにする。

b　そのままはもちろん、ご飯にかけて混ぜて食べてもおいしい。

ごまだれ

Column

私の塩づかい

ふだんは海水塩を使っています。下味にまんべんなくふるときにはサラサラした焼き塩を使います。あとはステーキやお刺身、天ぷらにつけるフルール・ド・セル（塩の華）と言われる大粒の塩を常備しています。

塩を量るときは、精製されたサラサラの食塩はしっとりした海水塩より体積が少ないぶん塩辛くなりやすいので注意してください。

いずれにせよ調味料は一定のものを使い続けるほうが、料理の勘所がぶれにくいのでおすすめです。いただき物のお塩はパスタなどのゆで物のときに使えば、使う塩の種類による微妙な味のぶれなどもなくなると思います。

青じそしば漬け

本格的なしば漬けは、時間をかけて乳酸発酵させて、赤じそで漬けますが、手軽に青じそを使い、調味液に漬けるだけの簡単レシピをご紹介。そのままはもちろん、漬け汁も調味料として使えます。

材料（つくりやすい分量）

野菜＊
- なす —— 2コ
- きゅうり —— 3本
- みょうが —— 2コ
- 新しょうが —— 20g

青じそ —— 30〜40枚

A
- みりん（煮きる） —— 大さじ2
- 米酢 —— 大さじ2

塩

180kcal（全量）

塩分11.3g（全量）

＊合わせて500〜600g。

1 なすは縦半分に切って7mm幅の斜め薄切りにする。きゅうりは長さを4等分に切って縦半分に切る。みょうがは縦4等分に切る。新しょうがは薄切りにする。

2 **1**をポリ袋に入れて重さを量り、その2%の塩を加えて混ぜる。袋の口を縛り、野菜の2倍以上の重さのおもしをして3時間ほどおく。

3 青じそは1cm幅に切り、塩小さじ2でもんでしんなりとさせて水けを絞る。**2**の野菜の水けを絞って袋に戻し、青じそ、Aを加えて再び口を縛る。冷蔵庫に一晩おいて味をなじませる。

◎冷蔵庫で約2週間保存可能。

豚肉としば漬けのさっぱり煮

漬け汁も活用した、暑気払いになる元気おかずです。

材料（2人分）とつくり方

1 鍋にだしカップ1/4と青じそしば漬け80g、しば漬けの漬け汁大さじ2を入れて中火にかける。沸いたら豚ロース肉（しゃぶしゃぶ用）150gを広げ入れ、味をなじませるようにサッと混ぜて火を通す。

2 味をみて足りなければ、うす口しょうゆ適宜で調える。器に盛って、一味とうがらし少々をふる。

- 220kcal
- 塩分1.4g
- 10分

しば漬けとろろ

ふんわりとろろに、しば漬けのシャキシャキ感が楽しい。

材料（2人分）とつくり方

1 大和芋（または長芋／すりおろす）大さじ4、だし（または水）・青じそしば漬けの漬け汁各大さじ1を混ぜ合わせて、器に盛る。

2 青じそしば漬け60gを粗く刻んでのせ、全体をよく混ぜて食べる。

- 35kcal
- 塩分0.5g
- 5分

トマトケチャップ

家庭菜園をしていたころに、はまっていた自家製ケチャップです。フレッシュな風味とうまみが詰まった、手づくりならではの味わい。

材料（つくりやすい分量）

トマト（完熟のもの）―― 5〜7コ（700g）
たまねぎ（ザク切り）―― 60g
にんにく（薄切り）―― 1/3かけ分

A
- ざらめ糖（または砂糖）―― 50g
- 塩 ―― 小さじ2
- 黒こしょう（粒）―― 10粒
- ローリエ ―― 1枚

米酢 ―― 大さじ1/2

350kcal（全量）
塩分11.9g（全量）

1 トマトは皮に切り目を入れ、熱湯に10秒間ほどくぐらせて冷水にとる。皮をむいて4等分に切る。たまねぎ、にんにくとともにミキサーにかける。

2 鍋に**1**とAを入れて中火にかける。沸いたら火を弱め、へらで時々混ぜながら30分間ほどコトコトと煮る。

3 水分が減り、へらを引いて鍋底が見えるくらいになったら火を止め、米酢を加えて混ぜる。冷めたら清潔な保存容器に入れる。使うときは清潔なスプーンで。

ツナオムライス

ケチャップライスは炊飯器におまかせ。フワフワ卵をのせてどうぞ。

材料（2人分）とつくり方

1 米180㎖（1合）は洗ってざるに30分間上げ、炊飯器の内釜に入れる。水カップ1、塩小さじ1/8を加え、えんどう豆40gとツナ（缶詰／油漬け）1缶（70g）を油をきってのせる。トマトケチャップ大さじ5を加えてひと混ぜし、普通に炊く。

2 炊き上がったら好みの型や容器に詰め、皿にあける。

3 ボウルに卵2コを割り入れ、塩2つまみを加えてよく混ぜる。フライパンにバター10gを中火で熱し、溶き卵を一気に流し入れ、菜箸で混ぜながら半熟状にする。**2**にのせ、好みでトマトケチャップ適宜をかける。

520kcal
塩分2.4g
15分＊

＊米をざるに上げておく時間、炊く時間は除く。

焼きそばナポリタン

パスタをゆでる手間いらずで、わが家の子育て期に大活躍したレシピ。

材料（2人分）とつくり方

1 たまねぎ1コ（160g）は7㎜幅の薄切り、ピーマン1コはヘタと種を取って7㎜幅の輪切りにする。ウインナーソーセージ3本は7㎜幅の斜め薄切りにする。

2 中華麺（蒸し／焼きそば用）2玉はラップをしないで電子レンジ（600W）に2分間かけ、ほぐしやすくする。

3 フライパンにサラダ油大さじ1をひいて中火にかけ、たまねぎとソーセージを炒める。たまねぎがしんなりとしたらトマトケチャップ大さじ5を加えてよく焼きつける。ケチャップの水分がとび、具材によくなじんだら、中華麺とピーマンを加えて炒め合わせる。

4 味をみて足りなければ塩適宜で調える。器に盛り、バター10gを半量ずつのせる。

520kcal
塩分2.0g
15分

うどんだし

そうめんやうどん、夏にかかせない麺のたれも、
ぜひ手づくりで。
麺以外にも煮物や照り焼きの味つけ、
丼や汁物のベースにと、さまざまに活躍します。

めんつゆ

たくさんのうまみの素《もと》が力強く響き合う、自家製めんつゆの決定版。調味料を加えてからユラユラと煮ると味が落ち着きます。

材料（つくりやすい分量）

A
- 水 ── カップ4
- 削り節（厚削り）── 30g
- 昆布 ── 10g
- 干ししいたけ ──（小）1枚
- 梅干し ── 1コ

B
- みりん ── 240mℓ
- しょうゆ・うす口しょうゆ ── 各120mℓ

●700kcal（全量）
●塩分45.1g（全量）

1 鍋にAを入れて1時間おく。中火にかけ、沸いたらアクを取り、Bを加える。

2 再び沸いたら少し火を弱め、ふたなしでユラユラと鍋の中が対流する程度の火加減で5分間煮る。

3 火を止め、厚手の紙タオルを敷いたざるでこす。粗熱を取り、冷蔵庫で冷やす。

◎冷蔵庫で5日間保存可能。

夏こそ出番！めんつゆ＆

うどんだし

こちらも厚削りでとっただしが、味の下支えに。甘みは加えず、だしそのもののすっきりふくよかな味わいを楽しむ、京風の〝飲むかけだし〟です。

材料（つくりやすい分量）

- A
  - 水 ―― 1.5ℓ
  - 削り節（厚削り）―― 30g
  - 昆布 ―― 10g
- B
  - うす口しょうゆ ―― 大さじ3
  - 酒 ―― 大さじ2
  - 塩 ―― 小さじ1/2

● 60kcal（全量）
● 塩分12.8g（全量）

1 鍋にAを入れて30分間以上おく。中火にかけ、沸いたらアクを取る。少し火を弱め、ふたなしでユラユラと鍋の中が対流する程度の火加減で5分間煮る。

2 厚手の紙タオルを敷いたざるでこし、鍋に戻し入れる。

3 Bを加えて中火にかける。沸いたら火を弱め、ユラユラと5分間煮る。

◎冷蔵庫で2日間保存可能。

彩りそうめん

夏はそうめん。うすめずそのまま使います。

材料（2人分）とつくり方

1 卵2コは溶き、塩2つまみを混ぜる。フライパンにごま油小さじ1を熱し、薄焼き卵を4枚焼く。冷めたらきゅうり1本、焼き豚（市販）60ｇとともに細切りにして器に盛る。

2 そうめん3ワ（150ｇ）は袋の表示どおりにゆでてざるに上げ、水で洗う。氷水でしめ、水けをよくきって器に盛る。

3 しょうが（すりおろす）少々、すだち1/2コを添え、**1**の具材と一緒に冷やしておいためんつゆ適量につけて食べる。

460kcal
塩分4.5ｇ
25分

めんつゆで

いかとさやいんげんの天ぷら

めんつゆはそのまま天つゆにも。旬の具材でどうぞ。

材料（2人分）とつくり方

1 さやいんげん4～6本は筋を取る。いか（刺身用／下処理したもの）70ｇは胴を2cm幅に、足は食べやすく切る。紅しょうが（薄切り）20ｇとともに、それぞれ小麦粉を薄くまぶす。

2 小麦粉60ｇを水カップ2/3で軽く溶き、衣をつくる。**1**の具材をくぐらせ、180℃の揚げ油でカラッと揚げる。

3 めんつゆ適量を器に入れ、大根おろしと青ねぎ（小口切り）各適量を添える。

200kcal
塩分2.0ｇ
20分

刻みきつねうどん

暑い季節に熱い麺。京好みの、甘くないお揚げのうどんです。

材料（2人分）とつくり方

1 油揚げ60gは1cm幅の短冊形に切り、青ねぎ2～3本は1cm幅の斜め切りにする。ゆでうどん2玉（360g）はサッと洗って水けをきる。

2 鍋にうどんだし600～700mlを入れて中火にかける。沸いたらうどんを入れ、再び沸いたら油揚げを加えて2分間煮る。

3 **1**の青ねぎを加えて火を止める。器に盛り、粉ざんしょう適量をふる。

330kcal
塩分3.7g
10分

うどんだしで

冷やし甘ぎつねうどん

冷たいうどんには、甘辛く炊いたお揚げを具にして。

材料（2人分）とつくり方

1 油揚げ2枚（150g）は熱湯で1分間ほどゆで、ざるに上げて水けをきる。

2 鍋に砂糖・水各大さじ3、しょうゆ大さじ2を入れて中火にかける。沸いたら油揚げを入れて落としぶたをし、鍋のふたを少しずらしてのせる。煮汁がほぼなくなるまで弱火で約10分間煮て、粗熱を取る。

3 冷凍うどん2玉（360g）は袋の表示どおりにゆで、ざるに上げてサッと洗い、氷水でしめる。

4 **3**の水けをきって器に盛り、冷やしておいたうどんだし300～400mlをはる。**2**の油揚げを半分に切ってのせ、青ねぎと赤とうがらし（各小口切り）各適量をあしらう。

560kcal
塩分4.5g
25分

夏野菜の揚げびたし

色鮮やかな旬野菜がめんつゆを含み、ご飯のすすむ総菜に。

材料（2〜3人分）とつくり方

1 かぼちゃ150gは種とワタを取って1.5cm幅に切る。なす1〜2コ（150g）はヘタを切り、縦半分に切ってから皮に細かく斜めの切り目を入れ、長さを半分に切る。水に5分間さらし、水けを拭く。ピーマン2コは縦半分に切り、ヘタと種を取る。トマト（小）2〜3コはヘタをくりぬく。

2 揚げ鍋にかぼちゃを入れて揚げ油を注ぎ、中火でじっくりと揚げる。カラッと揚がったら取り出し、続いて中温（170℃）でなす、ピーマン、ヤングコーン6〜8本の順に揚げる。最後にトマトを数秒間揚げ、皮をむく。

3 **2**を保存容器に入れ、めんつゆカップ1を注いで30分間以上おき、味をなじませる。器に盛り、しょうが（せん切り）少々をあしらう。

230kcal
塩分2.0g
20分＊
＊味をなじませる時間は除く。

めんつゆで

うどんだしで

とうがんと鶏ひき肉の煮物

うどんだしと鶏ひき肉のうまみを吸ったとうがんが最高。

材料（2〜3人分）とつくり方

1 とうがん1/4コ（正味500g）は半分に切ってから3cm幅に切り、皮とワタを除いて4等分に切る。

2 鍋または表面加工のしてあるフライパンに鶏ひき肉（もも）200g、しょうが（粗みじん切り）5gを入れて練り混ぜ、平たく広げてから中火にかける。下が焼けてきたら、すぐにへらで食べやすい大きさに割って上下を返す。

3 **1**とうどんだしカップ1 1/2を加え、ふたをする。沸いたら少し火を弱めて20分間煮る。器に盛り、みつばの葉適量をあしらう。

160kcal
塩分1.2g
40分

酢みそだれ

「主菜は決まっても、副菜がなかなか思いつかなくて……」
という声をよく聞きます。
この酢みそだれは、副菜づくりの救世主。
かけるだけ、あえるだけで小粋な小鉢が一品完成します。
白みそを使うので、甘みもふくよかで濃厚。
それを米酢がきりりと引き締める、黄金比です。

材料（つくりやすい分量）

白みそ —— 200g
米酢・砂糖 —— 各大さじ2

520kcal（全量）
塩分12.2g（全量）

つくり方

ボウルにすべての材料を入れ、よく混ぜる。

品名	酢みそだれ
原材料	白みそ・米酢・砂糖
用途	あえ物や和風サラダ、田楽などに
保存期間	冷蔵庫で2週間

いかと青ねぎのぬた

ぬたは酢みそあえのこと。酢みそのトロリとした様子を「沼田」に見立て、転じて「ぬた」となったのが語源とか。定番のいかとねぎで。

材料（2人分）

いか（胴／刺身用）―― 30g
青ねぎ ―― 2～3本（40～50g）
酢みそだれ ―― 大さじ2
柚子《ゆず》の皮 ―― 適宜

50kcal
塩分0.9g
5分

1 青ねぎは熱湯でゆでてざるに上げ、1cm幅の斜め切りにする。いかは7mm幅に切り、同じ湯でサッとゆでる。

2 ボウルに酢みそだれを入れ、**1**を加えてよくあえる。

3 器に盛り、あれば柚子の皮をあしらう。

焼き麩《ふ》ときゅうりのからし酢みそ

酢みそだれにからしを加えてからし酢みそあえに。淡泊な食材もコクたっぷりにいただけます。

材料（2人分）
焼き麩 ── 15g
きゅうり ── 1/2本（60g）
A［酢みそだれ ── 大さじ2
　 溶きがらし ── 小さじ1/2
溶きがらし ── 適量
● 塩

70kcal
塩分1.0g
10分＊
＊麩を戻す時間は除く。

1　焼き麩は水で戻してしっかりと水けを絞り、大きければ食べやすくちぎる。

2　きゅうりは縦半分に切って斜め薄切りにする。塩2つまみをふってもみ、3分間おいて水けを絞る。

3　ボウルにAを入れて混ぜ、**1**と**2**を加えてよくあえる。器に盛り、溶きがらしをのせる。

Column
私のみそづかい

おみそ汁には米こうじの淡色辛口の、普通のおみそを使っています。白みそはお正月のお雑煮はもちろん、ふだんのお料理にも使うことが多いですね。白みその保存は必ず冷凍庫で。冷凍してもカチカチに凍るわけではないのでそのまま使えます。そうしないとどんどん発酵が進んで色も香りも変化します。

赤みそは豆こうじで発酵期間も長いので比較的安定していますが、あまり使わないならこちらも冷凍が安心です。ちなみに砂糖としょうゆ、ごま油を足すと甜麺醤（テンメンジャン）のかわりになりますから、中華料理に重宝します。

帆立てとわかめのからし酢みそ

帆立てに海藻と野菜をとり合わせた、食べごたえのある副菜。

材料（2人分）

- ベビー帆立て（蒸したもの）―― 10コ（100g）
- じゃがいも ―― 80g
- にんじん ―― 20g
- わかめ（生）―― 30g
- A
  - 酢みそだれ ―― 大さじ2
  - 溶きがらし ―― 小さじ1/2
- 黒ごま ―― 少々

130kcal
塩分1.5g
15分

1　じゃがいもとにんじんはスライサーで薄切りにし、さらに細切りにする。じゃがいもは水で洗って水けをきる。

2　**1**を耐熱皿に並べて入れ、蒸し器で3分間ほど蒸す（写真a）。

3　わかめは食べやすく切る。器に**2**とわかめ、ベビー帆立てを盛る。Aを混ぜ合わせてかけ、黒ごまをのせる。

a　蒸気の上がった蒸し器に入れて蒸す。電子レンジにかけてもよい。

里芋とこんにゃくの酢みそがけ

里芋はむっちり、こんにゃくはプリッと。食感の妙を楽しむコンビを、酢みそで小粋に味わいます。

材料（2人分）

里芋 —— 4コ（100g）
こんにゃく（白）—— 60g
酢みそだれ —— 大さじ2
木の芽 —— 適宜
● 砂糖

60kcal
塩分0.8g
10分

1 里芋は皮をむき、耐熱容器に入れてラップをし、電子レンジ（600W）に3分間かける。

2 こんにゃくは厚めの短冊形に切り、ポリ袋に入れる。砂糖小さじ1を加えてもみ（写真a）、2分間おく。水で洗って水けを拭き、フライパンでサッとからいりする。中央に切り込みを入れて片方の端を通し、手綱形にする。

3 **1**と**2**を器に盛り合わせて酢みそだれをかけ、あれば木の芽をあしらう。

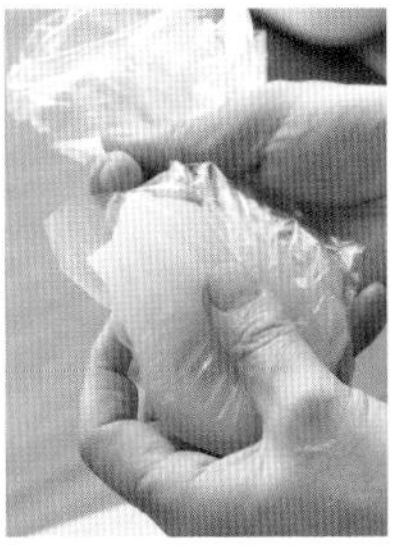

a　砂糖でもむと、こんにゃくの特有のにおいがやわらぐ。

柚《ゆ》子《ず》みそ

柚子が黄色く色づきはじめると、待ってましたとばかりにつくります。白みその甘さと柚子の皮のほろ苦さが好相性。秋から早春まで、あえ物に焼き物にと大活躍してくれます。

材料（つくりやすい分量）

柚子の皮 ── 1コ分
柚子の搾り汁 ── 小さじ2
A
白みそ ── 150g
みりん ── 大さじ3
砂糖 ── 大さじ2

500kcal（全量）
塩分9.2g（全量）

1 柚子の皮をすりおろす。おろしたあとの柚子は果汁を搾る。

2 鍋にAを入れ、照りが出てくるまで中火で練る。

3 火を止め、**1**を加えてよく混ぜる。

◎冷蔵庫で2週間保存可能。

大根の柚子みそあえ

前菜にぴったり。好みで柚子釜に仕立てて盛りつけて。

材料（つくりやすい分量）とつくり方

1　大根150gは5cm長さ、5mm角の拍子木形に切る。にんじん10gは細切りにする。ともにサッとゆでて水けをきる。

2　鍋に**1**と塩2つまみ、柚子みそ大さじ1を入れ、弱火にかける。水けがなくなり、柚子みそが再びねっとりとしてくるまで混ぜながらからめる。

- 80kcal（全量）
- 塩分1.9g（全量）
- 20分

さわらの柚子みそ焼き

爽やかで品のよい甘みがうれしい一品。みそは焦げやすいので注意を。

材料（2人分）とつくり方

1　さわら（切り身）2切れは全体に薄く塩をふって10分間以上おく。紙タオルで水けを拭く。

2　魚焼きグリルに入れ、両面を中火で焼く。皮側に柚子みそ大さじ2を等分に塗り、再びグリルで軽く焼き色をつける。

- 190kcal
- 塩分1.5g
- 15分＊

＊さわらに塩をふっておく時間は除く。

旬だより

食欲をかきたてる秋の実り。冬が来る前に

実りの秋。葉が色を変えるように、お洋服もちょっとおしゃれな感じになって。寒くなる前のこの時季も素敵です。

食べ物では芋、栗、きのこ、そして新米が登場します。中でも炊きたての新米はたまりません。日本の食卓はお米でできていると言っても過言ではありません。ご飯のみならず、みそ、しょうゆ、お酢、お酒も、米こうじなしではできない発酵食品ですものね。

そして秋の食卓は、やっぱりさんまの塩焼きに新米のご飯。たっぷりの大根おろしにすだち、おみそ汁、そしてしば漬け。最高です。年中あるきのこも秋に食べるとやっぱりおいしい気がしますね。

あと、わが家でなくてはならないのが干し柿。娘の大好物で、欠かさずつくります。ぽってりした柔らかいうちに食べるのがお気に入りですが、気温が高いうちはおいしく乾かない。乾燥した冬の風が当たらないとできないのですよ。自然とは本当にうまくできています。

ポン酢しょうゆ

料理にとって、香りはとても重要。
このポン酢は、フレッシュなかんきつの余韻がとても爽やか。
時間がたつと揮発する香りを存分に楽しめるのは、
手づくりならではのぜいたくです。
果実はその時季に手に入るもので結構ですので、
できれば3種類ほどを組み合わせると、より香り豊かになります。

品名	ポン酢しょうゆ
原材料	だし・うす口しょうゆ・砂糖・米酢・好みのかんきつ類の果汁
用途	鍋物のつけだれや、つけしょうゆのかわりに。あえ物などに。煮物や炒め物など加熱調理にも
保存期間	冷蔵庫で2週間

材料（つくりやすい分量）

だし —— カップ1

A
- うす口しょうゆ —— カップ1
- 砂糖・米酢 —— 各大さじ1

好みのかんきつ類の果汁＊ —— カップ1/2

レモン（国産／または柚子《ゆず》）の皮 —— 適宜

190kcal（全量）

塩分37.0g（全量）

＊すだちや柚子、かぼす、みかん、レモン、グレープフルーツ、ライムなど。

つくり方

1 小鍋にだしを入れて中火にかけ、沸いたら火を止める。Aを順に加えて混ぜる。

2 かんきつ類の果汁を**1**に加え、混ぜる。あればレモンの皮をすりおろして加える。

たいの薄づくり ポン酢添え

繊細な味わいの白身の刺身には、ポン酢がおすすめです。

材料（2人分）

たい（刺身用）―― 10切れ
大根（せん切り）・青じそ ―― 各適量
ポン酢しょうゆ ―― 適量

1 器に大根、青じそを盛り、たいを並べる。

2 ポン酢しょうゆを添え、つけて食べる。

- 60kcal
- 塩分0.8g
- 5分

かきしゃぶ おろしポン酢

手づくりポン酢が、かきのうまみを一層引き立てます。

材料（2人分）

かき（生食用）―― 10コ
ポン酢しょうゆ ―― 適量
大根おろし・青ねぎ（小口切り）・柚子《ゆず》の皮 ―― 各適量
● 塩

1 かきは塩水で洗い、紙タオルを敷いたバットにとる。

2 鍋に湯を沸かしてかきを入れる。ぷっくりとふくらんだらざるに上げる。

3 器に盛り、ポン酢しょうゆをかける。大根おろしと青ねぎをのせ、柚子の皮をあしらう。

- 60kcal
- 塩分1.4g
- 5分

ゆで豚とねぎのポン酢マリネ

ポン酢の香りも高い、主菜になるマリネです。
豚カツ用の肉を使えば、ゆで豚もスピード仕上げ。

材料（2人分）

- 豚肩ロース肉（豚カツ用）―― 2枚（300g）
- ねぎ ―― 2本（200g）
- パプリカ（赤）―― 20g
- しょうが（薄切り）―― 1/2かけ分（5g）
- ポン酢しょうゆ ―― カップ1/2
- ●塩・こしょう・かたくり粉

430kcal
塩分3.3g
15分＊

＊粗熱を取る時間は除く。

1 ねぎは1cm幅の斜め切りにする。パプリカは細切りにする。豚肉は一口大のそぎ切りにし、塩・こしょう各少々をふる。

2 鍋に水適量としょうがを入れて中火にかけ、沸いたら**1**のねぎをゆでる。ねぎが柔らかくなったら、ざるに引き上げる。

3 **1**の豚肉にかたくり粉を薄くまぶしつけ、**2**の鍋に入れる。パプリカも加えて2分間ゆでる。途中、沸いたら火を弱める。

4 豚肉に火が通ったらパプリカとともにざるに上げ、水けをきる。保存容器に入れ、**2**も加えてポン酢しょうゆを回しかける（写真a）。粗熱が取れるまでそのままおく。

◎冷蔵庫で2～3日間保存可能。

a　ゆで豚が冷める間にポン酢しょうゆの味が入る。

鶏手羽ときのこのポン酢煮

水を加えず、きのことポン酢の水分だけで煮ます。
ギュッと凝縮したうまみに、かんきつの風味がきいています。

材料（2人分）

- 鶏手羽先 — 6本（250〜300g）
- ポン酢しょうゆ — カップ1/2
- エリンギ — 100g＊
- まいたけ — 80g＊
- 生しいたけ — 2枚＊
- ねぎ（白い部分）— 適量
- 柚子《ゆず》の皮 — 適宜

210kcal
塩分3.8g
20分

＊好みのきのこ計200gでもよい。

1 手羽先は先の部分を関節から切り落とし、骨に沿って皮の表面に軽く切り目を入れ、うまみを出しやすくする。きのこ類は、石づきがあるものは落としておく。

2 鍋にポン酢しょうゆを入れて（写真a）中火にかけ、沸いたら**1**の鶏肉を加える。

3 きのこ類を手で大きくほぐしながら鶏肉の上にのせる。ふたをして少し火を弱め、7〜8分間煮る。

4 ねぎは中心まで縦に切り目を入れて芯を取り、せん切りにする（白髪ねぎ）。**3**を器に盛って白髪ねぎをのせ、あれば柚子の皮をあしらう。

a　ポン酢で煮ると鶏のくせがやわらぎ、仕上がりは酸味がとんでうまみが凝縮する。

大根が旬を迎えると、せっせとすりおろしてスタンバイします。
たまねぎ、りんご、にんにくもぎっしり入って
どこかフルーティーな風味と、おだやかな酸味と辛みが特徴。
とにかくおいしい手づくりだれで、
わが家では、焼き肉やハンバーグをさっぱりと食べたいときにも
よく食卓にのぼります。

おろしソース

品名	おろしソース
原材料	大根・たまねぎ・りんご・にんにく・うす口しょうゆ・みりん・米酢
用途	焼き物や揚げ物のソースに。鍋のつけだれやベース、煮物などにも
保存期間	冷蔵庫で1か月間

材料（つくりやすい分量）

A
- 大根 —— 250g
- たまねぎ・りんご —— 各50g
- にんにく —— 少々

B
- うす口しょうゆ —— 120㎖
- みりん（煮きる）・米酢 —— 各60㎖

320㎉（全量）
塩分22.1g（全量）

つくり方

1 Aの材料を、それぞれすべてすりおろす。
2 **1**にBを加えて混ぜる。すぐに使えるが、できれば8時間程度おいて味をなじませる。

ゆで野菜と温泉卵のおろしソース

野菜はお好みですが、ブロッコリーがよく合います。卵とおろしをからめてどうぞ。

材料（2人分）

- ブロッコリー —— 1/2コ
- 温泉卵 —— 2コ
- おろしソース —— 適量
- 一味とうがらし —— 適量

100kcal
塩分0.8g
5分

1 ブロッコリーは小房に分ける。サッとゆでて水にとり、水けをきる。

2 器に**1**と温泉卵を盛る。おろしソースをかけ、一味とうがらしをふる。

焼き野菜のおろしソース

こんがりと素焼きにした野菜に、おろしソースをつけていただきます。シンプルなのに味わい豊か。

材料（2人分）

- 長芋 —— 140g
- 生しいたけ —— 4枚
- おろしソース —— カップ1/2
- すだち —— 適量
- ●塩

50kcal
塩分0.8g
10分

1 長芋は皮を厚めにむき、1cm厚さの輪切りにする。しいたけは石づきを切り落とす。

2 フライパンに油をひかずに**1**を入れ、塩少々をふってふたをする。中火で両面をこんがりと蒸し焼きにする。

3 器に盛り、すだちとおろしソースを添える。

鶏むね肉の揚げづけ

卵の衣で揚げた柔らかな鶏むねに、おろしソースをたっぷりかけて。後口さっぱりで、いくらでも食べられそう。多めにつくって冷蔵保存するのもおすすめです。

材料（2人分）

- 鶏むね肉 ― 1枚（300g）
- れんこん ― 60g
- かぶ ― 1コ（100g）
- にんじん ― 30g
- 溶き卵 ― 1コ分
- おろしソース ― カップ1/2
- ●塩・こしょう・揚げ油・かたくり粉・黒こしょう（粗びき）

- 380kcal
- 塩分2.7g
- 20分

1 れんこんは7mm厚さの輪切り、または半月形に切る。かぶは茎を少し残して皮をむき、6～8等分のくし形に切る。にんじんは4mm厚さに切る。鶏肉は皮を取り、縦半分に切って1cm幅のそぎ切りにし、塩・こしょう各少々をふる。

2 170℃の揚げ油で**1**のれんこんとかぶ、にんじんを順に素揚げにする。続けて**1**の鶏肉にかたくり粉適量、溶き卵を順につけ、1～2分間揚げる。

3 バットなどに**2**を並べ、おろしソースをかけて粗熱を取る。器に盛り、黒こしょう適量をふる。

◎冷蔵庫で3～4日間保存可能。

豚しゃぶとチンゲンサイのみぞれ鍋仕立て

**鍋物ですがつけだれではなく、鍋つゆとして使います。
おろしソースがあれば、こんなみぞれ鍋もあっという間に完成です。**

材料（2人分）

豚バラ肉（しゃぶしゃぶ用）── 150g
チンゲンサイ ── 1株（160〜180g）
おろしソース ── カップ3/4
A［だし ── カップ1/2
　かたくり粉 ── 大さじ1
糸とうがらし ── 適宜
●ごま油

360kcal
塩分3.0g
15分

1 チンゲンサイは葉の部分は4cm幅に、軸の部分は六つから八つ割りにする。

2 鍋に湯を沸かしてごま油少々を入れ、**1**のチンゲンサイの軸を入れて1分間ゆでる。葉も加えてサッとゆで、ざるに引き上げる。続けて豚肉を入れてサッとゆで、ざるに上げる。

3 土鍋に**2**の具材を入れ、おろしソースを加える（写真a）。よく混ぜ合わせたAも加えて全体を混ぜ、中火にかける。

4 煮汁を混ぜながら沸かし、全体にとろみがついたら火を止める。あれば糸とうがらしをのせる。

a　下ゆでした具材、かたくり粉を溶いただしと一緒に煮る。

白菜と大根の切り漬け

なかなか１コは使いきれない白菜や大根。
わが家では漬物にして、料理の味出し役として
調味料のように使っています。
この切り漬けは減塩タイプの塩分２％。
発酵が進む過程で変化する味わいを、
料理にアレンジして楽しんでいます。

材料（つくりやすい分量）

白菜 —— 1/6コ（350g）＊
大根 —— 10cm（200g）＊
にんじん —— 1/4本（50g）＊
● 塩

100kcal（全量）
塩分12.0g（全量）
＊野菜の分量は目安。合わせて600gを用意する。

1 白菜、大根、にんじんはそれぞれ細切りにする。

2 厚手のポリ袋に入れ、塩12g（野菜の重量の2%）を加えて全体をよくもむ。袋の口を縛る。

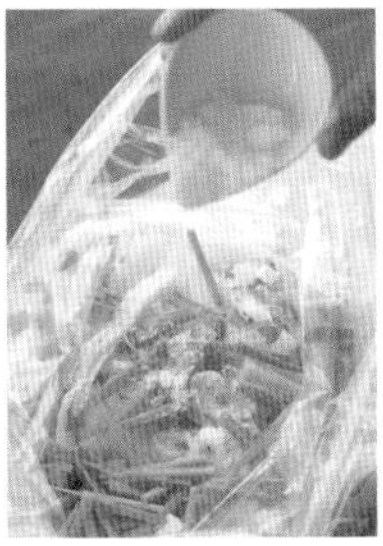

3 野菜の2倍以上の重量のおもしをする。1時間ほどしたら食べられる。その後、暖房のない涼しい場所に3～5日間おく。漬け汁が濁るのが発酵の合図。発酵後は冷蔵庫に入れる。

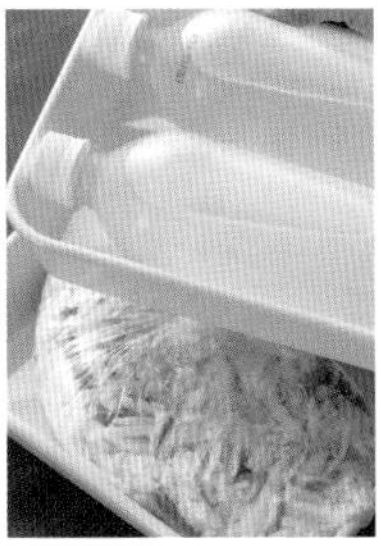

◎発酵後、冷蔵庫で3週間保存可能。

フレッシュキムチ

漬けてすぐの切り漬けで。サラダ感覚でどうぞ。

材料（つくりやすい分量）とつくり方

1 ボウルにりんご（すりおろす）30g、おろしにんにく小さじ1/4、粉とうがらし（中びき）・いかの塩辛（刻む）各大さじ1を入れて混ぜ合わせる。

2 **1**に水けを絞った白菜と大根の切り漬け200gを加えて手でよくもみ込む。つくってすぐ食べられるが、5日後からが味がなじみ、よりおいしい。

110kcal（全量）
塩分3.9g（全量）
5分
◎冷蔵庫で3週間保存可能。

牛肉と切り漬けの炒め物

漬けて3～5日後の発酵した切り漬けがおすすめ。油との相性も◎です。

材料（2人分）とつくり方

1　せり20gは4cm長さに切る。牛こま切れ肉80gは食べやすい大きさに切り、塩・こしょう各少々をふる。

2　フライパンにごま油小さじ1を中火で熱し、**1**の牛肉を炒める。肉の色が変わったら、水けを絞った白菜と大根の切り漬け80gを加えてさらに炒める。

3　全体に油が回ったら、せりを加えて炒め合わせる。

150kcal
塩分1.0g
10分

鶏肉と切り漬けの鍋仕立て

漬け汁も使って、シンプルな具材ながら複雑な味わいに。

材料（2人分）とつくり方

1　鶏もも肉（小）1枚（200g）は一口大のそぎ切りにする。春菊20～30gは食べやすい長さに切る。絹ごし豆腐1/2丁（200g）は半分に切る。

2　土鍋に白菜と大根の切り漬け100gを水けを絞らずに入れる。豆腐と水カップ3/4、漬け汁大さじ1も加えて中火にかける。

3　沸いたら**1**の鶏肉を加え、うす口しょうゆ小さじ1も加えて煮る。鶏肉に火が通ったら（発酵した漬物に鶏肉が反応して、加熱後の肉がピンク色に変わることがある）春菊を加え、火を止める。

270kcal
塩分1.8g
15分

たらと切り漬けの煮物

酸味が増して古漬けになった切り漬けは、煮物もおいしくしてくれます。

材料（2人分）とつくり方

1 たら（切り身）2切れ（130〜150g）は塩少々をふって10分間おき、水けを拭く。

2 鍋に水カップ1/4、酒大さじ1を入れて中火にかける。沸いたらおろしにんにく少々、粉とうがらし（中びき）小さじ1/4と**1**のたらを入れる（写真a）。

3 たらの上に白菜と大根の切り漬け100gを水けを絞らずにのせる（写真b）。再び沸いたらふたをして火を少し弱め、3分間煮る。

4 器に盛って煮汁をかけ、小口切りにした青ねぎ少々をのせる。

70kcal
塩分1.4g
20分

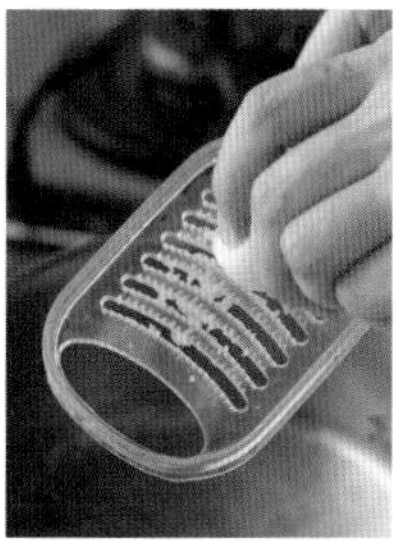

a　にんにくや粉とうがらしが、たらのくせを抑え、切り漬けの酸味ともよく合う。

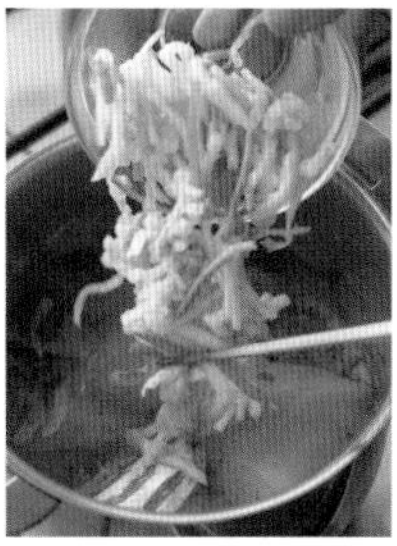

b　切り漬けは漬けて5日目以降の酸味が増したものがおすすめ。

旬だより

長い冬の果て 再び兆す小さな春

　京都は夏暑く冬寒いおかげで、野菜がおいしく育ちます。霜が降りるころには、大根も白菜もねぎも一段とおいしくなります。夏のものとは比べものにならないくらい甘く柔らかく、寒い冬に備えて野菜たちが凍らないよう自己防衛しているのだなぁと感じます。

　そして寒くなると白菜漬けなどのお漬物が、放っておいても難なく発酵します。これもまた冬の楽しみ。うまくいったときの喜びはひとしおですし、お漬物がおいしいと食卓に奥行きが出ます。

　雪のちらつく寒い夜、食卓の温かい光や湯気の上がる料理、その香りは、冬の幸せの象徴。慌ただしく年の瀬を迎え、人と集い、新年を寿《ことほ》ぐ。

　少しずつ日は長くなりますが、気温はまだ底。日差しに春を感じるのは節分を過ぎるころからでしょうか。

　ゆっくり、しかし確かに移ろう日本の四季。再びの春、これからも日々料理をする幸せをかみしめながら、巡りくる季節を迎えたいと思います。

[材料別さくいん]

大原千鶴

おおはら・ちづる

料理研究家。生家は京都・花脊《はなせ》の老舗料理旅館で、里山の自然に親しみながら和食の心得や美意識を育む。合理的な手法で繰り出される確かな味わいの家庭料理と、華のある明るいキャラクターで幅広い層の支持を集めている。二男一女の母。

STAFF

アートディレクション・デザイン	嶋田貴宣(ensoku)
撮影	内藤貞保
	浮田輝雄
スタイリング	小笠原智晴
調理アシスタント	酒井智美
栄養計算	宗像伸子
校正	円水社
編集協力	小林美保子
	日根野晶子
編集	小村郁世(NHK出版)

NHKきょうの料理

大原千鶴の絶品手づくりだれ料理帖

2020年1月25日　第1刷発行

著者　大原千鶴

発行者　森永公紀

発行所　NHK出版

〒150-8081　東京都渋谷区宇田川町41-1

電話　0570-002-048(編集)　0570-000-321(注文)

ホームページ　http://www.nhk-book.co.jp

振替　00110-1-49701

印刷・製本　共同印刷

Printed in Japan

ISBN978-4-14-033305-1　C2077